Todos los libros de Linkgua Ediciones cuentan con modelos de Inteligencia Artificial entrenados por hispanistas. Pregúntale al chat de tu libro lo que desees acerca de la obra o su autor/a.

Para **ebooks:** Accede a nuestro modelo de IA a través de este enlace.

Para **libros impresos:** Escanea el código QR de la portada con tu dispositivo móvil.

Obtén análisis detallados de nuestros libros, resúmenes, respuestas a tus preguntas y accede a nuestras ediciones críticas generativas para una experiencia de lectura más enriquecedora.
La transparencia y el respeto hacia la autoría de las fuentes utilizadas son distintivos básicos de nuestro proyecto. Por ello, las respuestas ofrecen, mediante un sistema de citas, las fuentes con las que han sido elaboradas.

Autores varios

Constitución de la República portuguesa de 2 de abril de 1976

Barcelona 2024
Linkgua-ediciones.com

Créditos

Título original: Constitución de la República Portuguesa (de 2 de abril de 1976).

© 2024, Red ediciones S.L.

e-mail: info@linkgua.com

Diseño de cubierta: Michel Mallard.

ISBN rústica ilustrada: 978-84-9007-181-6.
ISBN tapa dura: 978-84-1126-253-8.
ISBN ebook: 978-84-9816-969-0.

Sumario

Créditos   4

Constitución de la república portuguesa
del 2 de abril de 1976   9

Preámbulo   11

Principios fundamentales   13

Primera parte. De los derechos y deberes fundamentales   17

Título I. Principios generales   19

Título II. De los derechos, libertades y garantías   25

Título III. De los derechos y deberes económicos,
sociales y culturales   37
    Capítulo I. Principio general   37
    Capítulo II. De los derechos y deberes económicos   37
    Capítulo III. De los derechos y deberes sociales   43
    Capítulo IV. De los derechos y deberes culturales   48

Segunda parte. Organización económica   51

Título I. Principios generales   53

Título II. Estructuras de propiedad de los medios de producción 57

Título III. Del Plan   59

Título IV. De la reforma agraria   61

Título V. Del sistema financiero y fiscal   65

Título VI. De los circuitos comerciales   69

Tercera parte. De la organización del poder político   71

Título I. Principios generales   73

Título II. DEl presidente de la República   77
  Capítulo I. De su estatuto y elección   77
  Capítulo II. Competencia   81

Título III. Del Consejo de la Revolución   85
  Capítulo I. Función y estructura   85
  Capítulo II. Competencia   86

Título IV. De la Asamblea de la República   89
  Capítulo I. De su estatuto y elección   89
  Capítulo II. Competencia   93
  Capítulo III. Organización y funcionamiento   99

Título V. Del Gobierno   105
  Capítulo I. De su función y estructura   105
  Capítulo II. Formación y responsabilidad   106
  Capítulo III. Competencia   110

Título VI. De los Tribunales   113
  Capítulo I. Principios generales   113
  Capítulo II. Organización de los Tribunales   114
  Capítulo III. De la Magistratura de los Tribunales judiciales   116

Capítulo IV. Del Ministerio Fiscal   117

Título VII. De las regiones autónomas   **119**

Título VIII. De los poderes locales   **127**
Capítulo I. Principios generales   127
Capítulo II. De la parroquia   129
Capítulo III. Del municipio   130
Capítulo IV. De la región administrativa   132
Capítulo V. De las organizaciones populares de base territorial   134

Título IX. De la Administración publica   **137**

Título X. De las Fuerzas Armadas   **141**

Cuarta parte. De la garantía y la revisión de la Constitución   **143**

Título I. Garantía de la Constitución   **145**
Capítulo I. Control de la constitucionalidad   145
Capítulo II. De la Comisión Constitucional   148

Título II. De la revisión constitucional   **151**
Disposiciones finales y transitorias   153

Constitución de la república portuguesa
del 2 de abril de 1976

Preámbulo

El 25 de abril de 1974 el Movimiento de las Fuerzas Armadas derribo el régimen fascista, coronando la larga resistencia del pueblo portugués e interpretando sus sentimiento profundos.

Liberar a Portugal de la dictadura, la opresión y el colonialismo ha representado una transformación y el comienzo de una inflexión histórica de la sociedad portuguesa.

La Revolución ha devuelto a los portugueses los derechos y libertades fundamentales. En ejercicio de estos derechos y libertades se reunieron los legitimos representantes del pueblo para elaborar una Constitución que correspondiese a las aspiraciones del país.

La Asamblea Constituyente proclama la decisión del pueblo portugués de defender la independencia nacional, de garantizar los derechos fundamentales de los ciudadanos, de establecer los principios básicos de la democracia, de asegurar la primacía del Estado de derecho democrático y de abrir la senda hacia una sociedad socialista, dentro del respeto a la voluntad del pueblo portugués y con vistas a la construcción de un país más libre, más justo y más fraterno.

La Asamblea Constituyente, reunida en sesión plenaria el 2 de abril de 1976, aprueba y decreta la siguiente Constitución de la República portuguesa:

Principios fundamentales

Artículo 1. De la República portuguesa
Portugal es una República soberana, basada en la dignidad de la persona humana y en la voluntad popular y empeñada en la transformación en una sociedad sin clases.

Artículo 2. Estado democrático y transición al socialismo
La República portuguesa es un Estado democrático, basado en la soberanía popular, en el respeto y la garantía de los derechos y libertades fundamentales y en el pluralismo de expresión y de organización política democráticas, y tiene por objetivo asegurar la transición hacia el socialismo mediante la creación de condiciones para el ejercicio democrático del poder por las clases trabajadoras.

Artículo 3. Soberanía y legalidad
1. La soberanía, una e indivisible, reside en el pueblo, que la ejerce con arreglo a las modalidades previstas en la Constitución.
2. El Movimiento de las Fuerzas Armadas, en su calidad de garante de las conquistas democráticas y del proceso revolucionario, participa, en alianza con el pueblo, en el ejercicio de la soberanía, según los terminos de la Constitución.
3. Los partidos políticos concurren a la organización y expresión de la voluntad popular, dentro del respeto a los principios de la independencia nacional y la democracia política'.
4. El Estado esta sometido a la Constitución y se funda en la legalidad democrática.

Artículo 4. De la ciudadanía portuguesa

Son ciudadanos portugueses todos aquellos que sean considerados como tales por la ley o por una convención internacional.

Artículo 5. Del territorio

1. Portugal abarca el territorio históricamente delimitado en el continente europeo y los archipiélagos de las Azores y Madera.

2. El Estado no podrá enajenar parte alguna del territorio portugués o de los derechos de soberanía que ejerza sobre aquel, sin perjuicio de las rectificaciones de fronteras.

3. La ley definirá la extensión y el límite de las aguas territoriales y los derechos de Portugal a los fondos marinos contiguos.

4. El territorio de Macao, sujeto a la administración portuguesa, se regirá por un Estatuto adecuado a su situación especial.

Artículo 6. Estado unitario

1. El Estado es unitario y respetara en su organización los principios de autonomía de las entidades locales y de descentralización democrática de la Administración Publica.

2. Los archipiélagos de las Azores y de Madera constituirán regiones autónomas dotadas de estatutos político-administrativos propios.

Artículo 7. De las relaciones internacionales

1. Portugal se regirá en las relaciones internacionales por los principios de la independencia nacional, del derecho de los pueblos a la autodeterminación y a la independencia, de

la igualdad entre los Estados, de la solución pacifica de los conflictos internacionales, de la no intromisión en los asuntos internos de los demás Estados y de la cooperación con los demás pueblos para la emancipación y el progreso de la humanidad.

2. Portugal preconiza la abolición de todas las formas de imperialismo, colonialismo y agresión, el desarme general, simultaneo y controlado, la disolución de los bloques político-militares y el establecimiento de un sistema de seguridad colectiva, con vistas a la creación de un orden internacional capaz de asegurar la paz y la justicia en las relaciones entre los pueblos.

3. Portugal reconoce el derecho de los pueblos a la insurrección contra todas las formas de opresión, especialmente contra el colonialismo y el imperialismo, y mantendrá lazos especiales de amistad y cooperación con los países de lengua portuguesa.

Artículo 8. Derecho internacional

1. Las normas y los principios de derecho internacional general o común forman parte integrante del derecho portugués.

2. Las normas patentes de convenios internacionales regularmente ratificadas o aprobadas regirán en el ámbito interno después de su publicación oficial y en la medida en que obliguen internacionalmente al Estado portugués.

Artículo 9. Misiones fundamentales del Estado

Son misiones fundamentales del Estado:

a) garantizar la independencia nacional y crear las condiciones políticas, económicas, sociales y culturales que la promuevan;

b) asegurar la participación organizada del pueblo en la resolución de los problemas nacionales, defender la democracia política y hacer respetar la legalidad democrática;

c) socializar los medios de producción y la riqueza, mediante formas adecuadas a las características del actual periodo histórico, crear las condiciones que permitan promover el bienestar y la calidad de vida del pueblo, especialmente de las clases trabajadoras, y abolir la explotación y la opresión del hombre por el hombre.

Artículo 10. Del proceso revolucionario

1. La alianza entre el Movimiento de las Fuerzas Armadas y los partidos y organizaciones democráticos asegura el desarrollo pacifico del proceso revolucionario.

2. El desarrollo del proceso revolucionario impone en el plano económico la apropiación colectiva de los medios principales de producción.

Artículo 11. De los símbolos nacionales

1. La bandera nacional será adoptada por la República instaurada por la Revolución de 5 de octubre de 1910.

Primera parte. De los derechos y deberes fundamentales

Título I. Principios generales

Artículo 12. Principio de universalidad

1. Todos los ciudadanos gozan de los derechos y están sujetos a los deberes que se consignan en la Constitución.

2. Las personas colectivas gozaran de los derechos y estarán sometidas a los deberes compatibles con su naturaleza.

Artículo 13. Principio de igualdad

1. Todos los ciudadanos tendrán la misma dignidad social y serán iguales ante la ley.

2. Nadie podrá ser privilegiado, beneficiado, perjudicado, privado de algún derecho o eximido de deber alguno por razón de ascendencia, sexo, raza, lengua, territorio de origen, religión, convicciones políticas o ideológicas, instrucción, situación económica y condición social.

Artículo 14. De los portugueses en el extranjero

Los ciudadanos portugueses que se hallen o residan en el extranjero gozaran de la protección del Estado para el ejercicio de los derechos y estarán sujetos a los deberes que no sean incompatibles ron la ausencia del país.

Artículo 15. De los extranjeros y apátridas

1. Los extranjeros y los apátridas que se encuentren o residan en Portugal gozaran de los derechos y estarán sujetos a los deberes del ciudadano portugués 2. Quedan exceptuados de lo dispuesto en el número anterior los derechos políticos, el ejercicio de las funciones publicas que no tengan carácter predominantemente técnico y los derechos y deberes reser-

vados por la Constitución y por la ley exclusivamente a los ciudadanos portugueses,

3. Se podrán otorgar a los ciudadanos de países de lengua portuguesa, en virtud de convenio internacional y a condición de reciprocidad, derechos no conferidos a los extranjeros, salvo el acceso a la titularidad de los órganos de soberanía y de las regiones autónomas, el servicio en las Fuerzas Armadas y la carrera diplomática,

Artículo 16. Extensión de los derechos

1. Los derechos fundamentales consagrados en la Constitución no excluyen cualesquiera otros que resulten de las leyes y de las normas aplicables de derecho internacional.

2. Los preceptos constitucionales y legales relativos a los derechos fundamentales deberán ser interpretados e integrados en armonía con la Declaración Universal de los Derechos del Hombre.

Artículo 17. Régimen de los derechos, libertades y garantías

Será aplicable el régimen de los derechos, libertades y garantías a los derechos que se enuncian en el título II, a los derechos fundamentales de los trabajadores y a las demás libertades, incluso a derechos de naturaleza análoga previstos en la Constitución y en la ley.

Artículo 18. Alcance jurídico

1. Los preceptos constitucionales relativos a los derechos, libertades y garantías son directamente aplicables a las entidades publicas y privadas y vinculan a estas.

2. La ley solo podrá restringir los derechos, libertades y garantías en los casos expresamente previstos en la Constitución.

3. Las leyes restrictivas de los derechos, libertades y garantías habrán de revestir carácter general y abstracto y no podrán reducir la extensión y el alcance del contenido esencial de los preceptos constitucionales.

Artículo 19. Suspensión

1. No podrán los órganos de soberanía suspender conjunta ni separadamente el ejercicio de los derechos, libertades y garantías, salvo en caso de estado de sitio o de estado de excepción declarado de la forma prevista en la Constitución.

2. La declaración del estado de sitio o del estado de excepción deberá ir suficientemente motivada y contener la especificación de los derechos, libertades y garantías cuyo ejercicio quede en suspenso.

3. La declaración del estado de sitio no podrá afectar en ningún caso al derecho a la vida y a la integridad física.

4. La declaración del estado de excepción solo podrá acarrear la suspensión parcial de los derechos, libertades y garantías.

5. La declaración del estado de, sitio o del estado de excepción confiere a las autoridades competencia para adoptar las medidas necesarias y adecuadas al pronto restablecimiento de la normalidad constitucional.

Artículo 20. Defensa de los derechos

1. Se garantiza a todos el acceso a los tribunales para la defensa de sus derechos, no pudiendo denegarse justicia a nadie por insuficiencia de medios económicos.

2. Todos tendrán derecho a resistir a cualquier orden que atente a sus derechos, libertades y garantías y a repeler por la fuerza toda agresión, cuando no sea posible recurrir a la autoridad publica.

Artículo 21. Responsabilidad civil del Estado

1. El Estado y las demás entidades publicas serán civilmente responsables, de modo solidario con los titulares de sus órganos, funcionarios o agentes, por acciones u omisiones en el ejercicio de sus respectivas funciones, cuando por razón del desempeño de estas resulte una violación de los derechos, libertades y garantías o un perjuicio a tercero.

2. Los ciudadanos injustamente condenados tendrán derecho, en las condiciones que la ley establezca, a la revisión de la sentencia y a indemnización por los daños sufridos.

Artículo 22. Del derecho de asilo

1. Se garantiza el derecho de asilo a los extranjeros y a los apátridas perseguidos a consecuencia de su actividad en favor de la democracia, de la libertad social y nacional, de la paz entre los pueblos, de la libertad y de los derechos de la persona humana 2. La ley definirá el estatuto del refugiado político.

Artículo 23. Extradición y expulsión

1. No podrán ser objeto de extradición ni expulsión los ciudadanos portugueses del territorio nacional.

2. No se admitirá la extradición por motivos políticos.

3. No habrá extradición por delitos a los que corresponda la pena de muerte según el derecho del Estado reclamante.

4. La extradición y la expulsión solo podrán ser acordadas por la autoridad judicial.

Artículo 24. Del Procurador de Justicia

1. Los ciudadanos podrán formular quejas por acción u omisión de los Poderes Publicos al Procurador de la Justi-

cia, quien las apreciara sin poder decisorio, dirigiendo a los órganos competentes las recomendaciones necesarias para prevenir y reparar injusticias.

2. La actividad del Procurador de la Justicia será independiente de los medios graciables y contenciosos previstos en la Constitución y en las leyes.

3. El Procurador de la Justicia será designado por la Asamblea de la República.

Título II. De los derechos, libertades y garantías

Artículo 25. Derecho a la vida

1. La vida humana es inviolable.

2. En ningún caso existirá pena de muerte.

Artículo 26. Derecho a la integridad personal

1. La integridad moral y física de los ciudadanos es inviolable.

2. Nadie podrá ser sometido a tortura ni a tratos o penas crueles, degradantes o inhumanos.

Artículo 27. Derecho a la libertad y a la seguridad

1. Todos tendrán derecho a la libertad y a la seguridad.

2. Nadie podrá ser privado de su libertad a no ser como consecuencia de sentencia judicial condenatoria por acto castigado por la ley con pena de prisión o de la aplicación judicial de una medida de seguridad.

3. Se exceptúa de este principio la privación de libertad, por el tiempo y en las condiciones que la ley establezca, en los casos siguientes:

a) prisión preventiva en el supuesto de flagrante delito o por fuertes indicios de haberse cometido un delito doloso al que corresponda una pena grave;

b) prisión o detención de alguna persona que haya penetrado irregularmente en el territorio nacional o contra quien este pendiente un procedimiento de extradición o de expulsión,

4. Toda persona privada de libertad deberá ser informada en el más breve plazo de las razones de su prisión o detención,

Artículo 28. De la prisión preventiva

1. La prisión sin previa formación de causa se someterá, en el plazo máximo de cuarenta y ocho horas, a resolución judicial de validez o mantenimiento. El juez deberá conocer las causas de la detención y comunicarlas al detenido, interrogar a este y darle oportunidad para que se defienda.

2. No se mantendrá la prisión preventiva siempre que pueda ser sustituida por fianza o por medida de libertad provisional prevista por la ley.

3. La resolución judicial que ordene o mantenga una medida de privación de libertad deberá ser comunicada en seguida a un pariente o persona de confianza del detenido.

4. La prisión preventiva, antes y después del auto de procesamiento, estará sujeta a los plazos establecidos en la ley.

Artículo 29. Aplicación de la ley penal

1. Nadie podrá ser condenado por lo penal sino en virtud de ley anterior que declare punible la acción o la omisión, ni sufrir medida alguna de seguridad privativa de libertad cuyos supuestos no estén fijados en una ley anterior.

2. Lo dispuesto en el número anterior no será óbice para que se castigue, dentro de los límites de las leyes internas, toda acción u omisión que en el momento de cometerse sea considerada delictiva según los principios generales de Derecho internacional comúnmente reconocidos.

3. No se podrán aplicar penas o medidas de seguridad privativas de libertad que no estén expresamente previstas en una ley anterior.

4. Nadie podrá sufrir pena o medida de seguridad privativa de libertad más grave de la que este prevista en el momento de la conducta que la motive, aplicándose retroac-

tivamente las leyes penales de contenido más favorable al imputado.

5. Nadie podrá ser juzgado más de una sola vez por la comisión del mismo delito.

Artículo 30. Límites de las penas y de las medidas de seguridad

1. No podrá haber penas o medidas de seguridad privativas de libertad con carácter perpetuo, ni de duración ilimitada o indefinida.

2. En caso de peligro basado en grave anomalía psíquica y en la imposibilidad de una terapéutica en ambiente de libertad, podrán prorrogarse sucesivamente las medidas privativas de libertad mientras se mantenga el estado en cuestión, pero siempre mediante auto judicial.

3. Las penas no serán susceptibles de transmisión.

4. Nadie podrá ser privado por motivos políticos de la ciudadanía portuguesa, de la capacidad civil o del nombre.

Artículo 31. Del «habeas corpus»

1. Se dará habeas corpus contra el abuso de poder, por razón de prisión o detención ilegal, y se interpondrá ante el tribunal judicial o el consejo de guerra según los casos.

2. La providencia de habeas corpus podrá ser solicitada por el propio interesado o por cualquier ciudadano en el disfrute de sus derechos políticos.

3. El juez resolverá en el plazo de ocho días el requerimiento de habeas corpus en audiencia contradictoria.

Artículo 32. Garantías del procedimiento penal

1. El procedimiento penal asegurara todas las garantías de defensa.

2. Todo acusado será considerado inocente mientras no recaiga sentencia firme de condena.

3. El acusado tendrá derecho a la asistencia de un defensor en todos los actos del procedimiento. La ley especificara los casos y las fases en que dicha sentencia será obligatoria.

4. La instrucción será competencia de un juez y la ley especificara los casos en que aquella deberá revestir forma contradictoria,

5. El procedimiento penal tendrá estructura acusatoria y la vista para la sentencia estará sometida al principio contradictorio.

6. Serán nulas todas las pruebas obtenidas mediante tortura, coacción, atentado a la integridad física o moral de la persona o intromisión abusiva en la vida privada, en el domicilio, en la correspondencia o en las telecomunicaciones.

7. Ninguna causa podrá ser sustraída a los tribunales cuya competencia este fijada por una ley anterior.

Artículo 33. Derecho a la identidad, a la buena fama y a la intimidad

1. Se reconoce a todos el derecho a la identidad personal, al buen nombre y reputación y a la reserva de su intimidad en la vida privada y familiar.

2. La ley establecerá garantías efectivas contra la utilización abusiva, o contraria a la dignidad humana, de informaciones relativas a las personas y a las familias.

Artículo 34. Inviolabilidad del domicilio y de la correspondencia

1. Serán inviolables el domicilio y el secreto de la correspondencia y demás medios de comunicación privada.

2. La entrada en el domicilio de los ciudadanos contra su voluntad solo podrá ser ordenada por la autoridad judicial competente, en los casos y según las formas previstas por la ley.

3. Nadie podrá entrar de noche en el domicilio de persona alguna sin el consentimiento de esta.

4. Queda prohibida toda injerencia de las autoridades publicas en la correspondencia y en las telecomunicaciones, salvo los casos previstos en la ley en materia de enjuiciamiento.

Artículo 35. Utilización de la informática

1. Todos los ciudadanos tendrán derecho a tomar conocimiento de lo que conste en forma de registros mecanográficos acerca de ellos y de la finalidad a que se destinan las informaciones y podrán exigir la rectificación de los datos, así como su actualización.

2. No se podrá utilizar la informática para el tratamiento de datos referentes a convicciones políticas, fe religiosa o vida privada, salvo cuando se trate de la elaboración de datos no identificables para fines estadísticos.

3. Se prohibe atribuir un número nacional único a los ciudadanos.

Artículo 36. De la familia, del matrimonio y de la filiación

1. Todos tendrán derecho a constituir una familia y a contraer matrimonio en condiciones de igualdad plena.

2. La ley regulara los requisitos y los efectos del matrimonio y de su disolución, por muerte o divorcio, independientemente de la forma de celebración.

3. Los cónyuges tendrán los mismos derechos y deberes en cuanto a capacidad civil y política y al mantenimiento y educación de los hijos.

4. Los hijos nacidos fuera de matrimonio no podrán por este hecho ser objeto de discriminación alguna y no podrán la ley ni las dependencias oficiales usar designaciones discriminatorias en materia de filiación,

5. Los padres tienen el derecho y el deber de educar a sus hijos.

6. Los hijos no podrán ser separados de los padres, salvo cuando estos no cumplan sus deberes fundamentales con ellos y siempre en virtud de auto judicial.

Artículo 37. Libertades de expresión e información

1. Todos tendrán derecho a expresar y divulgar libremente su pensamiento por la palabra, la imagen o cualquier otro medio, así como el derecho de informarse, sin impedimentos ni discriminaciones.

2. No podrá ser impedido ni limitado el ejercicio de estos derechos por ningún tipo o forma de censura.

3. Las infracciones que se cometan en el ejercicio de estos derechos estarán sometidas al régimen punitivo de la ley general y su apreciación será competencia de los tribunales judiciales.

4. Se garantiza a toda persona, singular o colectiva, en condiciones de igualdad y eficacia, el derecho de replica.

Artículo 38. De la libertad de imprenta

1. Se garantiza la libertad de imprenta.

2. La libertad de imprenta implica la libertad de expresión y creación de los periodistas y colaboradores literarios, así como la intervención de los primeros en la orientación

ideológica de los órganos de información no pertenecientes al Estado o a partidos políticos, sin que ningún sector o grupo de trabajadores pueda censurar o impedir su libre creatividad.

3. La libertad de imprenta implica el derecho a fundar periódicos y cualesquiera otras publicaciones, sin autorización administrativa, caución o habilitación previa.

4. Las publicaciones periódicas y no periódicas podrán ser propiedad de cualesquiera personas colectivas sin finalidad lucrativa y de empresas periodísticas y editoriales con forma de sociedad o de personas individuales de nacionalidad portuguesa.

5. Ningún régimen administrativo o fiscal ni la política de crédito o de comercio exterior podrá afectar directa o indirectamente a la libertad de imprenta, debiendo la ley garantizar los medios necesarios para la salvaguardia de la independencia de la prensa ante los poderes político y económico.

6. No podrá la televisión ser objeto de propiedad privada.

7. La ley establecerá el régimen de los medios de comunicación social, especialmente de los pertenecientes al Estado, mediante un Estatuto de la Información.

Artículo 39. Medios de comunicación social del Estado

1. Los medios de comunicación social pertenecientes al Estado o a entidades directa o indirectamente sujetas a su control económico serán utilizados de tal forma que se salvaguarde su independencia ante el Gobierno y la Administración publica.

2. Se garantizara la posibilidad de expresión y de confrontación de las diversas corrientes de opinión en los medios de comunicación social a que se refiere el número anterior.

3. En los medios de comunicación social previstos en el presente artículo se instituirán consejos de información que estarán integrados proporcionalmente por representantes designados por los partidos políticos que tengan escaños en la Asamblea de la República.

4. Se conferirán poderes a los consejos de información para garantizar una orientación general que respete el pluralismo ideológico.

Artículo 40. Del derecho de antena

1. Los partidos políticos y las organizaciones sindicales y profesionales tendrán derecho a periodos de emisión en la radio y en la televisión, de acuerdo con su representatividad y según los criterios que se especifiquen en el Estatuto de la Información.

2. En época de elecciones los partidos políticos concurrentes tendrán derecho a periodos de emisión regulares y equitativos.

Artículo 41. Libertad de conciencia, religión y culto

1. Será inviolable la libertad de conciencia, religión y culto.

2. Nadie podrá ser perseguido, privado de sus derechos o eximido de obligaciones o deberes cívicos por razón de sus convicciones o de su practica religiosa.

3. Las iglesias y sus comunidades religiosas estarán separadas del Estado serán libres en su organización y en el ejercicio de sus funciones y del culto.

4. Se garantiza la libertad de enseñanza de cualquier religión siempre que se dispense en el ámbito de la confesión respectiva, así como la utilización de medios de comunica-

ción social propios para el desenvolvimiento de sus actividades.

5. Se reconoce el derecho a la objeción de conciencia. Los objetores estarán obligados a prestar servicio no armado con duración idéntica a la del servicio militar obligatorio.

Artículo 42. De la libertad de creación cultural

1. Será libre la creación intelectual, artística y científica.

2. Esta libertad comprende el derecho a la invención, producción y divulgación de obras científicas, literarias o artísticas, incluyendo la protección legal de los derechos de autor.

Artículo 43. Libertad de aprender y de enseñar

1. Se garantiza la libertad de aprender y enseñar.

2. El Estado no podrá arrogarse el derecho de programar la educación y la cultura en virtud de directrices filosóficas, estéticas, políticas, ideológicas o religiosas.

3. La enseñanza publica no será confesional.

Artículo 44. Derecho de desplazamiento y de emigración

1. Se garantiza a todos los ciudadanos el derecho de trasladarse y afincarse libremente en cualquier parte del territorio nacional.

2. Se garantiza a todos el derecho a emigrar o salir del territorio nacional, así como el derecho de regreso.

Artículo 45. Del derecho de reunión y manifestación

1. Los ciudadanos tendrán derecho a reunirse, pacíficamente y sin armas, incluso en lugares abiertos al publico, sin necesidad de autorización alguna.

2. Se reconoce a todos los ciudadanos el derecho de manifestación.

Artículo 46. Libertad de asociación

1. Los ciudadanos tendrán derecho a constituir asociaciones libremente y al margen de toda autorización, con tal que aquellas no se destinen a promover la violencia y que sus fines respectivos no sean contrarios a la ley penal.

2. Las asociaciones perseguirán libremente sus objetivos sin interferencia de las autoridades publicas y no podrán ser disueltas por el Estado ni suspendidas en sus actividades sino en los casos previstos por la ley en virtud de sentencia judicial.

3. Nadie podrá ser obligado a formar parte de una asociación ni coaccionado de modo alguno a permanecer en ella.

4. No se consentirán asociaciones armadas ni de tipo militar, militarizadas o paramilitares fuera del Estado o de las Fuerzas Armadas, ni organizaciones que adopten la ideología fascista.

Artículo 47. De las asociaciones y partidos políticos

1. La libertad de asociación comprende el derecho de constituir asociaciones y partidos políticos o de participar en ellos y de concurrir democráticamente a través de los mismos a la formación de la voluntad popular y a la organización del poder político.

2. Nadie podrá estar inscrito simultáneamente en más de un partido político ni ser privado de ningún derecho por estar o dejar de estar inserto en algún partido legalmente constituido.

3. Los partidos políticos no podrán, sin perjuicio de la filosofía o ideología que inspire su programa, utilizar denominación que contenga expresiones directamente relacionadas

con religión o iglesia alguna, así como emblemas confundibles con símbolos nacionales o religiosos.

Artículo 48. De la participación en la vida publica

1. Todos los ciudadanos tendrán derecho a tomar parte en la vida política y en la dirección de los asuntos publicos del país, directamente o por medio de representantes libremente elegidos.

2. El sufragio será universal, igual y secreto y se reconoce a todos los ciudadanos mayores de 18 (dieciocho) años, salvo las incapacidades que establezca la ley general. Su ejercicio será personal y constituye un deber cívico.

3. Todos los ciudadanos tendrán derecho a ser ilustrados objetivamente sobre los actos del Estado y demás entidades publicas y a ser informados por el Gobierno y otras autoridades acerca de la gestión de los asuntos publicos.

4. Todos los ciudadanos tendrán derecho de acceso, en condiciones de igualdad y libertad, a las funciones publicas.

Artículo 49. Derecho de petición y acción popular

1. Todos los ciudadanos podrán presentar, individual o colectivamente, a los órganos de soberanía o a cualquier autoridad, peticiones, exposiciones, reclamaciones o quejas para la defensa de sus derechos, de la Constitución y de las leyes o del interés general.

2. Se reconoce el derecho de acción popular en los casos y terminos previstos por la ley.

Título III. De los derechos y deberes económicos, sociales y culturales

Capítulo I. Principio general

Artículo 50. De las garantías y condiciones de efectividad

La apropiación colectiva de los principales medios de producción, la planificación del desarrollo económico y la democratización de las instituciones constituyen garantías y condiciones para la efectividad de y deberes económicos, sociales y culturales.

Capítulo II. De los derechos y deberes económicos

Artículo 51. Del derecho al trabajo

1. Todos tendrán derecho al trabajo 2. El deber de trabajar será inseparable del derecho al trabajo, excepto para quienes sufran una merma de su capacidad por razón de edad, enfermedad o invalidez

3. Todos tendrán derecho a escoger libremente su profesión o genero de trabajo, salvo las restricciones legales impuestas por el interés colectivo o inherentes a la capacidad propia.

Artículo 52. Obligaciones del Estado en cuanto al derecho al trabajo

Compete al Estado, a través de la aplicación de planes de política económica y social, garantizar el derecho al trabajo, asegurando:

a) la ejecución de una política de pleno empleo y el derecho a la asistencia material de quienes se encuentren involuntariamente en situación de desempleo;

b) la seguridad en el empleo, quedando prohibidos los despidos sin causa justa o por motivos políticos o ideológicos;

c) la igualdad de oportunidades en la elección de profesión o genero de trabajo y las condiciones para que no se vede o limite, en función del sexo, el acceso a cargos, trabajos o categorías profesionales;

d) la formación cultural, técnica y profesional de los trabajadores, conjugando el trabajo manual y el trabajo intelectual.

Artículo 53. Derechos de los trabajadores

Todos los trabajadores, sin distinción de edad, sexo, raza, nacionalidad, religión o ideología, tendrán derecho:

a) a la retribución de su trabajo según la cantidad, naturaleza y calidad del mismo, con observancia del principio a trabajo igual, salario igual, de tal forma que garantice una existencia decorosa;

b) una organización del trabajo en condiciones socialmente dignificadoras que faciliten la realización de la persona;

c) a la prestación del trabajo en condiciones de higiene y seguridad;

d) al descanso y al ocio, a un límite máximo de la jornada de trabajo, al descanso semanal y a las vacaciones periódicas pagadas.

Artículo 54. De las obligaciones del Estado relativas a los derechos de los trabajadores

Compete al Estado asegurar las condiciones de trabajo, retribución y reposo a que tienen derecho los trabajadores, especialmente:

a) el establecimiento y la actualización del salario mínimo nacional, así como del salario máximo, teniendo en consideración, entre otros factores, las necesidades de los trabajadores, el aumento del coste de la vida, el nivel de desarrollo de las fuerzas productivas, las exigencias de la estabilidad económica y financiera y la acumulación para el desarrollo;

b) la fijación de un horario nacional de trabajo;

c) la protección especial del trabajo de las mujeres durante el embarazo y después del parto, así como del trabajo de los menores de los que tengan mermadas sus facultades y de los que desempeñen actividades especialmente violentas o en condiciones insalubres, tóxicas o peligrosas;

d) el desarrollo sistemático de una red de centros de descanso y vacaciones en cooperación con organizaciones sociales.

Artículo 55. De las comisiones de trabajadores

1. Los trabajadores tendrán derecho a crear comisiones de trabajadores para la defensa de sus intereses y la intervención democrática en la vida de la empresa, con vistas al refuerzo de la unidad que las clases trabajadoras y a su movilización para el proceso revolucionario de construcción del poder democrático de los trabajadores.

2. Las comisiones serán elegidas en reunión plenaria de trabajadores mediante votación directa y secreta.

3. El estatuto de las comisiones deberá ser aprobado en sesión plenaria de los trabajadores.

4. Los miembros de las comisiones gozaran de la protección legal reconocida a los delegados sindicales.

5. Podrán crearse comisiones coordinadoras para la mejor intervención en la reestructuración económica y de tal forma que se garanticen los intereses de los trabajadores.

Artículo 56. Derechos de las comisiones de trabajadores
Constituyen derechos de las comisiones de trabajadores:
a) recibir todas las informaciones necesarias para el ejercicio de su actividad;
b) ejercer el control de la gestión en las empresas;
c) intervenir en la reorganización de las unidades productivas;
d) participar en la elaboración de la legislación del trabajo y de los planes económico-sociales que se refieran al sector respectivo 3.

Artículo 57. De la libertad sindical
1. Se reconoce a los trabajadores la libertad sindical condición y garantía de la construcción de su unidad para la defensa de sus derechos e intereses.
2. Se garantiza especialmente a los trabajadores, sin discriminación alguna, en el ejercicio de la libertad sindical:
a) la libertad de constitución de asociaciones sindicales en todos los niveles;
b) la libertad de inscripción, no pudiendo ningún trabajador ser obligado a pagar cotizaciones para un sindicato en el que no este inscrito;
c) la libertad de organización y reglamentación interior de las asociaciones sindicales;
d) el derecho al ejercicio de la actividad sindical en la empresa.

3. Las asociaciones sindicales deberán regirse por los principios de organización y gestión democrática, basados en la elección periódica y por votación secreta de los órganos dirigentes, sin sujeción a ninguna autorización u homologación, y asentados en la participación activa de los trabajadores en todos los aspectos de la actividad sindical.

4. Las asociaciones sindicales son independientes del patronato, del Estado, de las confesiones religiosas y de los partidos y demás asociaciones políticas, y la ley deberá establecer las garantías adecuadas de esta independencia, que constituye el fundamento de la unidad de las clases trabajadoras.

5. Con el fin de asegurar la unidad y el dialogo de las diversas comentes sindicales eventualmente existentes, se garantiza a los trabajadores el ejercicio del derecho de orientación dentro de los sindicatos en los casos y en las formas en que este derecho sea estatutariamente establecido.

6. Las asociaciones sindicales tendrán derecho a establecer relaciones con organizaciones sindicales internacionales o a afiliarse a ellas.

Artículo 58. Derechos de las asociaciones sindicales y convenios colectivos

1. Será competencia de las asociaciones sindicales defender y promover la defensa de los derechos e intereses de los trabajadores a quienes representen.

2. Son derechos de las asociaciones sindicales:

a) participar en la elaboración de la legislación de trabajo;

b) participar en la gestión de las instituciones de seguridad social y otras organizaciones que se propongan satisfacer los intereses de las clases trabajadoras;

c) participar en el control de ejecución de los planes económico-sociales.

3. Compete asimismo a las asociaciones sindicales ejercer el derecho de contratación colectiva.

4. La ley fijara las reglas referentes a la competencia para celebrar convenios colectivos de trabajo, así como a la eficacia de las normas respectivas.

Artículo 59. Derecho a la huelga

1. Se garantiza el derecho a la huelga.

2. Compete a los trabajadores definir el ámbito de los intereses que se propongan defender mediante la huelga, ámbito que no podrá ser limitado por la ley.

Artículo 60. Prohibición del cierre patronal

Se prohibe el cierre patronal.

Artículo 61. Cooperativas y autogestión

1. Todos tendrán derecho a formar cooperativas y el Estado deberá, con arreglo al Plan, estimular y apoyar las iniciativas en este sentido.

2. Serán apoyadas por el Estado las experiencias de autogestión.

Artículo 62. Del derecho de propiedad privada

1. Se garantiza a todos el derecho a la propiedad privada y a su transmisión inter vivos o mortis causa, con arreglo a la Constitución.

2. Fuera de los casos previstos en la Constitución, la expropiación por causa de utilidad publica solo podrá ser efectuada previo pago de una justa indemnización.

Capítulo III. De los derechos y deberes sociales

Artículo 63. De la seguridad social

1. Todos tendrán derecho a la seguridad social.

2. Corresponde al Estado organizar, coordinar y subvencionar un sistema de seguridad social unificado y descentralizado, de acuerdo con las asociaciones sindicales y demás organizaciones de las clases trabajadoras y con la participación de las mismas.

3. La organización del sistema de seguridad social se entiende sin perjuicio de que existan instituciones privadas de solidaridad social no lucrativas, que serán permitidas, si bien estarán reguladas por la ley y sometidas a la fiscalización del Estado.

4. El sistema de seguridad social protegerá a los ciudadanos en la enfermedad, vejez, invalidez, viudedad y orfandad, así como en el desempleo y en las demás situaciones de falta o disminución de medios de subsistencia o de capacidad para el trabajo.

Artículo 64. De la salud

1. Todos tendrán derecho a la protección de la salud y el deber de defenderla y promoverla.

2. Se hará efectivo el derecho a la protección de la salud por la creación de un servicio nacional de sanidad universal, general y gratuito, por la creación de condiciones económicas, sociales y culturales que garanticen la protección de la infancia, de la juventud y de la ancianidad y por la mejora sistemática de las condiciones de vida y de trabajo, así como por la promoción de la cultura física y deportiva, escolar y

popular y también por el desarrollo de la educación sanitaria del pueblo.

3. Incumbe prioritariamente al Estado, con el fin de asegurar el derecho a la protección de la salud:

a) garantizar el acceso de todos los ciudadanos, cualquiera que sea su condición económica, a los cuidados de la medicina preventiva, curativa y de rehabilitación;

b) garantizar una racional y eficaz cobertura del país desde el punto de vista medico y hospitalario;

c) orientar su actuación hacia la socialización de la medicina y de los sectores médico-farmacéuticos;

d) disciplinar y controlar las formas empresariales y privadas de la medicina, articulándolas con el servicio nacional de la salud;

e) disciplinar y controlar la producción, la comercialización y el uso de los productos químicos, biológicos y farmacéuticos y otros medios de tratamiento y diagnostico.

Artículo 65. De la vivienda

1. Todos tendrán derecho, para si y para su familia, a una vivienda de dimensión adecuada, en condiciones de higiene y comodidad, y que preserve la intimidad personal y familiar.

2. Corresponde al Estado, con el fin de asegurar el derecho a la vivienda:

a) programar y realizar una política de vivienda inserta en planes de reordenación del territorio y apoyada en planes de urbanización que garanticen la existencia de una red adecuada de transportes y de servicios colectivos;

b) estimular y apoyar las iniciativas de las comunidades locales y de la población tendentes a resolver los respectivos problemas de vivienda y fomentar la autoconstrucción y la creación de cooperativas de vivienda;

c) estimular la construcción privada, con subordinación a los intereses generales.

3. El Estado adoptara una política tendente a establecer un sistema de alquiler compatible con la renta familiar y de acceso a la propiedad de la vivienda.

4. El Estado y las entidades locales autónomas ejercerán un control efectivo del parque de viviendas, procederán a la necesaria nacionalización o municipalización de los suelos urbanos y definirán el derecho respectivo de utilización.

Artículo 66. Del ambiente y la calidad de vida

1. Todos tendrán derecho a un ambiente humano de vida, salubre y ecológicamente equilibrado y el deber de defenderlo.

2. Corresponde al Estado, mediante órganos propios y la apelación a iniciativas populares:

a) prevenir y controlar la contaminación y sus efectos y las formas perjudiciales de erosión;

b) ordenar el espacio territorial de forma tal que resulten paisajes biológicamente equilibrados;

c) crear y desarrollar reservas y parques naturales y de recreo, así como clasificar y proteger paisajes y lugares, de tal modo que se garantice la conservación de la naturaleza y la preservación de valores culturales de interés histórico o artístico;

d) promover el aprovechamiento racional de los recursos naturales, salvaguardando su capacidad de renovación y la estabilidad ecológica.

3. Todo ciudadano perjudicado o amenazado en el derecho a que se refiere el número 1 podrá pedir, con arreglo a lo previsto en la ley, la cesación de las causas de violación del mismo y la correspondiente indemnización.

4. El Estado deberá promover la mejora progresiva y acelerada de la calidad de vida de todos los portugueses.

Artículo 67. De la familia

El Estado reconoce la constitución de la familia y asegura su protección. Le compete, en particular:

a) promover la independencia social y económica de la unidad familiar;

b) desarrollar una red nacional de asistencia materno-infantil y realizar una política de ancianidad;

c) cooperar con los padres en la educación de los hijos;

d) promover, por los medios necesarios, la divulgación de los métodos de planificación familiar y organizar las estructuras jurídicas y técnicas que permitan el ejercicio de una paternidad consciente;

e) regular los impuestos y los beneficios sociales en armonía con las cargas familiares.

Artículo 68. De la maternidad

1. El Estado reconoce la maternidad como valor social eminente, protegiendo a la madre en los imperativos específicos de su acción insustituible en orden a la educación de los hijos y garantizando su realización profesional y su participación en la vida cívica del país.

2. Las mujeres trabajadoras tendrán derecho a un periodo de dispensa del trabajo, antes y después del parto, sin perdida de la retribución ni de otras ventajas.

Artículo 69. De la infancia

1. Los niños tendrán derecho a la protección de la sociedad y del Estado, con vistas a su desarrollo integral.

2. Los niños, en especial los huérfanos y los abandonados, tendrán derecho a protección especial de la sociedad y del Estado contra cualesquiera formas de discriminación y de opresión y contra el ejercicio abusivo de autoridad en la familia y en las demás instituciones.

Artículo 70. De la juventud

1. Los jóvenes, sobre todo los jóvenes trabajadores, gozaran de protección especial para hacer efectivos sus derechos económicos, sociales y culturales, principalmente:

a) el acceso a la enseñanza, a la cultura y al trabajo; b) la formación y promoción profesional;

c) la educación física, el deporte y el aprovechamiento del tiempo libre.

2. La política de la juventud deberá tener como objetivos prioritarios el desarrollo de la personalidad de los jóvenes, el gusto por la creación libre s el sentido de servicio a la comunidad.

3. El Estado, en colaboración con los colegios, las empresas, las organizaciones populares básicas y las colectividades de cultura y recreo, fomentara y auxiliara las organizaciones juveniles en la consecución de aquellos objetivos, así como todas las formas de intercambio internacional de la juventud.

Artículo 71. De los deficientes

1. Los ciudadanos física o mentalmente deficientes gozaran de la plenitud de los derechos y estarán sujetos a los deberes especificados en la Constitución, con excepción del ejercicio o del cumplimiento de aquellos para los cuales se hallen incapacitados.

2. El Estado se obliga a realizar una política nacional de prevención y tratamiento, rehabilitación e integración de los

deficientes; a desarrollar una pedagogía que sensibilice a la sociedad en cuanto a los deberes de respeto y solidaridad con ellos y a la asunción de la carga de realización efectiva de sus derechos, sin perjuicio de los derechos y deberes de los padres o tutores.

Artículo 72. De la ancianidad

1. El Estado promoverá una política de la ancianidad que garantice la seguridad económica de las personas de edad.

2. La política de ancianidad deberá, ademas, proporcionar condiciones de vivienda y convivencia familiar y comunitaria que eviten y superen el aislamiento o marginación social de las personas de edad y les ofrezcan oportunidad de crear y desarrollar formas de realización personal a través de una participación activa en la vida de la comunidad.

Capítulo IV. De los derechos y deberes culturales

Artículo 73. De la educación y la cultura

1. Todos tendrán derecho a la educación y a la cultura.

2. El Estado promoverá la democratización de la educación y las condiciones para que la educación, realizada a través de la escuela y de otros medios formativos, contribuya al desarrollo de la personalidad y al progreso de la sociedad democrática y socialista.

3. El Estado promoverá la democratización de la cultura, estimulando y asegurando el acceso de todos los ciudadanos, en especial de los trabajadores, al goce de la cultura y a la creación cultural, a través de organizaciones populares básicas, colectividades de cultura y recreo, medios de comunicación social y otros medios adecuados.

Artículo 74. De la enseñanza

1. El Estado reconocerá y garantizara a todos los ciudadanos el derecho a la enseñanza y a la igualdad de oportunidades en la formación escolar.

2. El Estado deberá modificar la enseñanza de tal modo que supere su función conservadora de la división social del trabajo.

3. En la realización de la política de enseñanza corresponde al Estado:

a) asegurar la enseñanza básica universal, obligatorio y gratuito;

b) crear un sistema publico de educación preescolar;

c) garantizar la educación permanente y eliminar el analfabetismo;

d) garantizar a todos los ciudadanos, según sus capacidades, el acceso a los grados más altos de la enseñanza, de la investigación científica y de la creación artística;

e) establecer progresivamente la gratuidad de todos los grados de la enseñanza;

f) establecer el enlace de la enseñanza con las actividades productivas o sociales;

g) estimular la formación de cuadros científicos y técnicos originarios de las clases trabajadoras.

Artículo 75. De la enseñanza publica y particular

1. El Estado creara una red de establecimientos oficiales de enseñanza que cubra las necesidades de toda la población.

2. El Estado fiscalizara la enseñanza particular supletoria de la enseñanza publica.

Artículo 76. Del acceso a la Universidad

El acceso a la Universidad deberá tener en cuenta las necesidades del país en cuadros cualificados y estimular y favorecer la entrada de los trabajadores y de los hijos de las clases trabajadoras.

Artículo 77. De la creación e investigación científica

1. La creación y la investigación científicas serán estimuladas y protegidas por el Estado.

2. La política científica y tecnológica tendrá por finalidad el fomento de la investigación fundamental y de la investigación aplicada, con preferencia por los campos que interesan al desarrollo del país, considerando la progresiva liberación de dependencias externas, en el ámbito de la cooperación y del intercambio con todos los pueblos.

Artículo 78. Del patrimonio cultural

El Estado tendrá la obligación de preservar, defender y aprovechar el patrimonio cultural del pueblo portugués.

Artículo 79. De la cultura física y del deporte

El Estado reconoce el derecho de los ciudadanos a la cultura física y al deporte como medios de promoción humana, y le corresponde promover, estimular y orientar la practica y difusión de los mismos.

Segunda parte. Organización económica

Título I. Principios generales

Artículo 80. Fundamento de la organización económico-social

La organización económico-social de la República portuguesa se basa en el desarrollo de las relaciones de producción socialistas, mediante la apropiación colectiva de los principales medios de producción y de los suelos, así como de los recursos naturales y el ejercicio del poder democrático de las clases trabajadoras.

Artículo 81. Misiones prioritarias del Estado

Corresponde prioritariamente al Estado:

a) promover el aumento del bienestar social y económico del pueblo, en especial de las clases más desfavorecidas;

b) estabilizar la coyuntura y asegurar la plena utilización de las fuerzas productivas; c) promover la igualdad entre los ciudadanos a través de las transformación de las estructuras económico sociales;

d) operar las necesarias correcciones de las desigualdades en la distribución de la riqueza y de la renta;

e) orientar el desarrollo económico y social en el sentido de un crecimiento equilibrado de todos los sectores y regiones;

f) desarrollar las relaciones económicas con todos los pueblos, salvaguardando siempre la independencia nacional y los intereses de los portugueses y de la economía del país;

g) eliminar e impedir la formación de monopolios privados, mediante la nacionalización o de otra forma, así como reprimir los abusos de poder económico y cualesquiera practicas lesivas del interés general;

h) realizar la reforma agraria; i) eliminar progresivamente las diferencias sociales y económicas entre la ciudad y el campo;

j) asegurar la competencia equilibrada entre las empresas, para lo cual la ley establecerá la protección de las pequeñas y medianas empresas económica y socialmente viables;

l) (sic) crear las estructuras jurídicas y técnicas necesarias para la instauración de un sistema de planificación democrático de la economía;

m) proteger al consumidor, especialmente mediante el apoyo a la creación de cooperativas y de asociaciones de consumidores;

n) fomentar el desarrollo de las relaciones socialistas de producción;

o) alentar la participación de las clases trabajadoras y de sus organizaciones en la definición, control y ejecución de todas las grandes medidas económicas y sociales.

Artículo 82. Intervención, nacionalización y socialización

1. La ley determinara los medios y las formas de intervención y de nacionalización y socialización de los medios de producción, así como los criterios de fijación de indemnizaciones.

2. La ley podrá determinar que las expropiaciones de latifundistas y grandes propietarios y empresarios o accionistas no den lugar a indemnización alguna.

Artículo 83. Nacionalizaciones efectuadas después del 25. de abril de 1974

1. Son conquistas irreversibles de las clases trabajadoras todas las nacionalizaciones efectuadas después del 25 de abril de 1974.

2. Las pequeñas y medianas empresas indirectamente nacionalizadas, fuera de los sectores básicos de la economía, podrán, a titulo excepcional, ser integradas en el sector privado, a condición de que los trabajadores no opten por el régimen de autogestión o de cooperativa.

Artículo 84. Del cooperativismo

1. El Estado deberá fomentar la creación y el funcionamiento de cooperativas, especialmente de producción, de comercialización y de consumo.

2. Sin perjuicio de su encuadramiento en el Plan y a condición de que se observen los principios cooperativos, no habrá restricciones a la constitución de cooperativas, las cuales podrán agruparse libremente en uniones, federaciones y confederaciones.

3. La constitución y el funcionamiento de las cooperativas no estarán sujetas a ninguna clase de autorización.

4. La ley definirá los beneficios fiscales y financieros de las cooperativas, así como condiciones más favorables para la obtención de crédito y ayuda técnica.

Artículo 85. De la iniciativa privada

1. Se podrá, en el marco definido por la Constitución, por la ley y por el Plan, ejercer libremente la iniciativa económica privada como instrumento de progreso colectivo.

2. La ley definirá los sectores básicos en los cuales estará prohibida la actividad a las empresas privadas y demás entidades de la misma naturaleza.

3. El Estado fiscalizara la observancia de la Constitución, de la ley y del Plan por las empresas privadas, pudiendo intervenir en la gestión de estas para asegurar el interés general

y los derechos de los trabajadores, en los terminos que la ley determine.

Artículo 86. De la actividad económica y las inversiones extranjeras

La ley regulara la actividad económica y las inversiones por parte de personas individuales o colectivas extranjeras, con objeto de garantizar su contribución al desarrollo del país, de acuerdo con el Plan, y defender la independencia nacional y los intereses de los trabajadores.

Artículo 87. De los medios de producción en estado de abandono

1. Los medios de producción abandonados podrán ser expropiados en condiciones que la ley deberá fijar, tomando en consideración la situación especifica de las propiedades de los trabajadores emigrantes.

2. En el supuesto de abandono injustificado la expropiación no confiere derecho a indemnización.

Artículo 88. De las actividades delictivas contra la economía nacional

1. Las actividades delictivas contra la economía nacional serán definidas por ley y objeto de sanciones adecuadas a su gravedad.

2. Las sanciones podrán incluir, como efecto de la pena, la perdida de los bienes directa o indirectamente obtenidos con la actividad delictiva, sin que el infractor tenga derecho a indemnización alguna.

Título II. Estructuras de propiedad de los medios de producción

Artículo 89. Sectores de propiedad de los medios de producción

1. En la fase de transición al socialismo habrá tres sectores de propiedad de los medios de producción, del suelo y de los recursos naturales, definidos en función de su titularidad y del modo social de la gestión.

2. El sector publico estará constituido por los bienes y unidades de producción colectivizados con arreglo a los siguientes modos sociales de gestión:

a) bienes y unidades de producción administrados por el Estado y por otras personas colectivas publicas;

b) bienes y unidades de producción con posesión útil y gestión por las organizaciones colectivas de trabajadores;

c) bienes comunitarios con posesión útil y gestión en manos de las comunidades locales.

3. El sector cooperativo estará constituido por los bienes y unidades de producción poseídos y administrados por los cooperativistas, con observancia de los principios cooperativos.

4. El sector privado estará constituido por los bienes y unidades de producción no comprendidos en los números anteriores.

Artículo 90. Desarrollo de la propiedad social

1. Constituyen la base del desarrollo de la propiedad social, que tendera a ser predominante, los bienes y unidades de producción con posesión útil y gestión de los colectivos

de trabajadores, los bienes comunitarios con posesión útil y gestión de las comunidades locales y el sector cooperativo.

2. Son condiciones de desarrollo de la propiedad social las nacionalizaciones, el plan democrático, el control de la gestión y el poder democrático de los trabajadores.

3. Las unidades de producción administradas por el Estado y otras personas colectivas publicas deberán evolucionar, en la medida de lo posible, hacia formas autogestionarias.

Título III. Del Plan

Artículo 91. De los objetivos del Plan

1. Para la construcción de una economía socialista, a través de la transformación de las relaciones de producción y de acumulación capitalistas, la organización económica y social del país deberá ser orientada, coordinada y disciplinada por el Plan.

2. El Plan deberá garantizar el desenvolvimiento armonioso de los sectores y las regiones, la utilización eficaz de las fuerzas productivas, la justa distribución individual y regional del producto nacional, la coordinación de la política económica con la política social, educativa y cultural, la preservación del equilibrio ecológico, la defensa del medio ambiente y de la calidad de vida del pueblo portugués.

Artículo 92. De su alcance jurídico

1. El Plan tendrá carácter imperativo para el sector publico estatal y será obligatorio en virtud de contratos-programa para otras actividades de interés publico.

2. El Plan definirá asimismo el marco a que deberán someterse las empresas de los demás sectores.

Artículo 93. De su estructura

La estructura del Plan comprenderá principalmente:

a) el Plan a largo plazo, que definirá los grandes objetivos de la economía portuguesa y los medios para alcanzados;

b) el Plan a medio plazo, cuyo periodo de vigencia deberá ser el de la legislatura y que contendrá los programas de acción globales, sectoriales y regionales para dicho periodo;

c) el Plan anual, que constituye la base fundamental de la actividad del Gobierno y deberá comprender el Presupuesto del Estado para dicho periodo.

Artículo 94. De su elaboración y ejecución

1. Corresponde a la Asamblea de la República aprobar las grandes opciones correspondientes a cada Plan y examinar las correspondientes memorias de ejecución.

2. La elaboración del Plan será coordinada por un Consejo Nacional del Plan y deberá participar en ella la población a través de los entes autónomos y comunidades locales, las organizaciones de las clases trabajadoras y las entidades representativas de actividades económicas.

3. La aplicación del Plan deberá ser descentralizada, regional y sectorialmente, sin perjuicio de la coordinación central, que compete en ultima instancia al Gobierno.

Artículo 95. Regiones del Plan

1. El país será dividido en regiones del Plan con base en las posibilidades y en las características geográficas, naturales, sociales y humanas del territorio nacional, con vistas a su desarrollo equilibrado y tomando en consideración las necesidades y los intereses de la población.

2. La ley determinara las regiones del Plan y definirá el esquema de los órganos de planificación regional que las integraran.

Título IV. De la reforma agraria

Objetivos de la reforma agraria La reforma será uno de los instrumentos fundamentales para la construcción de la sociedad socialista y tendrá como objetivos:

a) promover la mejora de la situación económica, social y cultural de los trabajadores rurales y de los agricultores pequeños y medianos mediante la transformación de las estructuras inmobiliarias y por la transformación de la posesión útil de la tierra y de los medios de producción directamente utilizados en su explotación para aquellos que la trabajan, como primer paso para la creación de nuevas relaciones de producción en la agricultura;

b) aumentar la producción y la productividad de la agricultura, dotándola de las infraestructuras y de los medios humanos, técnicos y Financieros adecuados, tendentes a asegurar el mejor abastecimiento del país, así como el incremento de la exportación;

c) crear las condiciones necesarias para alcanzar la igualdad efectiva de los que trabajan en la agricultura con los demás trabajadores y evitar que el sector agrícola se vea perjudicado en las relaciones de intercambio con los demás sectores.

Artículo 97. Eliminación de los latifundios

1. Se conseguirá la transferencia de la posesión útil de la tierra y los medios de producción directamente utilizados en su explotación a quienes la trabajan, mediante la expropiación de los latifundios y de las grandes explotaciones capitalistas.

2. Las propiedades expropiadas serán entregadas para su explotación a pequeños agricultores, a cooperativas de traba-

jadores rurales o de pequeños agricultores o a otras unidades de explotación colectiva por los propios trabajadores.

3. Las operaciones previstas en este artículo se realizaran en los terminos que la ley de reforma agraria establezca y con arreglo al esquema de actuación del Plan.

Artículo 98. De los minifundios

Sin perjuicio del derecho de propiedad, la reforma agraria podrá obtener en las regiones minifundistas un redimensionamiento adecuado de las explotaciones, mediante el recurso preferente a la integración cooperativa de las diversas unidades o incluso, cuando fuere necesario, a su parcelación o arrendamiento por medio del organismo coordinador de la reforma agraria.

Artículo 99. De los pequeños y medianos agricultores

1. La reforma agraria se realizara con la garantía de la propiedad de la tierra de los pequeños y medianos agricultores, como instrumento o resultado de su trabajo y salvaguardando los intereses de los emigrantes y de los que no tengan otro modo de subsistencia.

2. La ley determinara los criterios de fijación de los límites máximos de las unidades de explotación agrícola privada.

Artículo 100. De las cooperativas y demás formas de explotación colectivas

La realización de los objetivos de la reforma agraria llevara aparejada la constitución por los trabajadores rurales y los pequeños y medianos agricultores, con el apoyo del Estado, de unas cooperativas de producción, de compra, de venta, de transformación y de servicios, así como de otras formas de explotación colectiva por los trabajadores mismos.

Artículo 101. De las formas de explotación de tierra ajena

1. Los regímenes de arrendamiento y de otras formas de explotación de tierras ajenas serán regulados por la ley, de tal modo que se garantice la estabilidad y los intereses legitimos del cultivador.

2. Quedaran extinguidos los regímenes de enfiteusis y de colonato y se crearan las condiciones para que los cultivadores lleguen a la abolición efectiva del régimen de aparcería agrícola.

Artículo 102. Auxilio del Estado

1. Los pequeños y medianos agricultores, individualmente o agrupados en cooperativas, las cooperativas de trabajadores agrícolas y las demás formas de explotación colectiva por trabajadores tendrán derecho a la ayuda del Estado.

2. La ayuda del Estado, con arreglo a los esquemas de la propiedad agraria y del Plan, comprenderá principalmente:

a) la concesión de crédito y de asistencia técnica;

b) el apoyo de empresas publicas y de cooperativas de comercialización en los escalones anteriores y posteriores al de producción;

c) la socialización de los riesgos resultantes de accidentes climatéricos y fitopatológicos imprevisibles o incontrolables.

Artículo 103. De la ordenación y reconversión agraria y de los precios

El Estado promoverá una política de ordenación y de reconversión agraria, de acuerdo con los condicionamientos ecológicos y sociales del país, y asegurara la salida de los productos agrícolas en el ámbito de la orientación definida para las políticas agrícola y alimentaria, fijando al comienzo de cada campaña los precios respectivos de garantía.

Artículo 104. De la participación en la reforma agraria

En la definición y ejecución de la reforma agraria, principalmente en los organismos por ella creados, deberá asegurarse la participación de los trabajadores rurales y de los pequeños y medianos agricultores, a través de sus organizaciones propias, así como de las cooperativas y otras formas de explotación colectiva por trabajadores.

Título V. Del sistema financiero y fiscal

Artículo 105. Del sistema financiero y monetario

1. El sistema financiero será estructurado por la ley, de tal forma que se garantice la captación y la seguridad de los ahorros, así como la aplicación de los medios financieros necesarios a la expansión de las fuerzas productivas, con vistas a la socialización progresiva y efectiva de la economía.

2. El Banco de Portugal tendrá, como Banco Central, la exclusiva de la emisión de moneda y, de acuerdo con el Plan y las directrices del Gobierno, colaborara en la ejecución de las políticas monetaria y financiera.

Artículo 106. Del sistema fiscal

1. El sistema fiscal será articulado por la ley con vistas a la distribución igualitaria de la riqueza y de las rentas y a la satisfacción de las necesidades hacendisticas del Estado.

2. Los impuestos serán creados por la ley, que determinara su incidencia, el tipo impositivo, los beneficios fiscales y las garantías de los contribuyentes.

3. Nadie podrá ser obligado a pagar impuestos que no hayan sido instituidos con arreglo a la Constitución y cuya liquidación y cobro no se efectúen en las formas dispuestas por la ley.

Artículo 107. De los impuestos

1. El impuesto sobre la renta personal tenderá a la disminución de las desigualdades, será único y progresivo, tomando en consideración las necesidades y las rentas del conjunto familiar y se encaminara a limitar las rentas a un máximo nacional, definido anualmente por la ley.

2. La imposición de las empresas incidirá fundamentalmente sobre su beneficio real.

3. El impuesto de sucesiones y donaciones será progresivo, de forma tal que contribuya a la igualdad entre los ciudadanos, y tomara en consideración la transmisión por herencia de los frutos del trabajo.

4. La imposición sobre el consumo ira encaminada a adaptar la estructura del consumo a las necesidades de socialización de la economía, eximiendo de aquella los bienes necesarios para la existencia de los más débiles económicamente y de sus familias y gravando los consumos de lujo.

Artículo 108. De los Presupuestos

1. La ley de Presupuestos, que será votada anualmente por la Asamblea de la República, contendrá:

a) el desglose de los ingresos y de los gastos en la parte relativa a las dotaciones globales correspondientes a las funciones y a los Ministerios y Secretarias de Estado;

b) las lineas fundamentales de organización de los Presupuestos de la Seguridad Social.

2. Los Presupuestos Generales del Estado serán elaborados por el Gobierno, con arreglo a la ley presupuestaria y al Plan y teniendo en cuenta las obligaciones derivadas de la ley o de los contratos.

3. Los Presupuestos serán unitarios y especificaran los gastos, de tal modo que se evite la existencia de dotaciones o fondos secretos.

4. Los Presupuestos deberán prever los ingresos necesarios para cubrir los gastos y la ley definirá las reglas de elaboración y ejecución y el periodo de vigencia del Presupuesto, así como las condiciones de recurso al crédito publico.

5. La ejecución de los Presupuestos será fiscalizada por el Tribunal de Cuentas y por la Asamblea de la República, la cual, previo dictamen de dicho Tribunal, examinara y aprobara las Cuentas Generales del Estado, incluyendo las de la Seguridad Social.

Título VI. De los circuitos comerciales

Artículo 109. De los precios y de los circuitos de distribución

1. El Estado intervendrá en la formación y en el control de los precios, y le compete racionalizar los circuitos de distribución y eliminar los que sean innecesarios.

2. Se prohibe la publicidad engañosa.

Artículo 110. Del comercio exterior

Compete al Estado, en orden a diversificar las relaciones comerciales exteriores y salvaguardar la independencia nacional:

a) promover el control de las operaciones de comercio exterior, especialmente creando empresas publicas u otros tipos de empresas;

b) disciplinar y vigilar la calidad y los precios de las mercancías que se importen y se exporten.

Tercera parte. De la organización del poder político

Título I. Principios generales

Artículo 111. De la titularidad y ejercicio del Poder
El Poder político pertenece al pueblo y se ejercerá con arreglo a la Constitución.

Artículo 112. De la participación política y de los ciudadanos
Constituye condición e instrumento fundamental de consolidación del sistema democrático la participación directa y activa de los ciudadanos en la vida política.

Artículo 113. De los órganos de soberanía
1. Son órganos de soberanía el Presidente de la República, el Consejo de la Revolución, la Asamblea de la República, el Gobierno y los Tribunales.
2. La formación, la composición, la competencia y el funcionamiento de los órganos de soberanía serán las establecidas por la Constitución.

Artículo 114. De su separación e interdependencia
1. Los órganos de soberanía deberán observar la separación y la interdependencia establecidas en la Constitución 2. Ningún órgano de soberanía, de región autónoma o de poder local podrá delegar sus poderes en otros órganos, salvo en los casos y terminos expresamente fijados por la Constitución y por la ley.

Artículo 115. Conformidad de sus actos con la Constitución
La validez de las leyes y demás actos del Estado, de las regiones autónomas y del poder local estará supeditada a su conformidad con la Constitución.

Artículo 116. De los principios generales de derecho electoral

1. El sufragio directo, secreto y periódico será la norma general de designación de los titulares de los órganos electivos de la soberanía, de las regiones autónomas y del poder local.

2. Será oficial, obligatorio y único para todas las elecciones por sufragio directo y universal el censo electoral.

3. Las campañas electorales se regirán por los principios siguientes:

a) libertad de propaganda;

b) igualdad de oportunidades y de tratamiento de las diversas candidaturas;

c) imparcialidad de los entes publicos ante las candidaturas; d) fiscalización de las cuentas electorales.

4. Los ciudadanos tendrán el deber de colaborar con la administración electoral en la forma prevista por la ley.

5. La conversión de los votos en mandatos se hará con arreglo al principio de la representación proporcional.

6. Corresponde a los tribunales enjuiciar la validez de los actos electorales.

Artículo 117. De los partidos políticos y del derecho de oposición

1. Los partidos políticos participaran en los órganos basados en el sufragio universal y directo, de acuerdo con su respectiva representatividad democrática.

2. Se reconoce a las minorías el derecho de oposición democrática, en los terminos establecidos por la Constitución.

Artículo 118. De las organizaciones populares básicas

Las organizaciones populares básicas fundadas con arreglo a la Constitución tendrán derecho a participar, en la forma que la ley disponga, en el ejercicio del poder local.

Artículo 119. De los órganos colegiados

1. Serán publicas, excepto en los casos previstos por la ley, las reuniones de las asambleas que funcionen como órganos de soberanía de las regiones autónomas o del poder local.

2. Salvo cuando la Constitución o la ley exija mayoría cualificada, las resoluciones de los órganos colegiados se tomaran por mayoría de votos, siempre que este presente la mayoría absoluta de sus componentes.

Artículo 120. Responsabilidad de los titulares de cargos políticos

1. Los titulares de cargos políticos responderán política, civil y criminalmente de los actos y omisiones que cometan en el ejercicio de sus funciones.

2. La ley determinara los delitos de responsabilidad de los titulares de cargos políticos, así como las sanciones aplicables y los efectos respectivos.

Artículo 121. Del principio de renovación

Nadie podrá ejercer a titulo vitalicio cargo político alguno de ámbito nacional, regional o local.

Artículo 122. De la publicidad de los actos

1. Requerirán publicidad los actos de eficacia externa de los órganos de soberanía, de las regiones autónomas y del poder local.

2. Se publicaran en el diario oficial, Diario de la República:

a) las leyes constitucionales;

b) los convenios internacionales;

c) los decretos del Presidente de la República;

d) los decretos y resoluciones del Consejo de la Revolución;

e) las leyes y resoluciones de la Asamblea de la República;

f) los decretos y reglamentos del Gobierno;

g) las decisiones de los Tribunales a las que la Constitución o la ley confiera fuerza obligatoria general;

h) los decretos de las regiones autónomas.

3. La ley determinará las formas de publicidad de los demás actos.

4. La ausencia de publicidad lleara aparejada la inexistencia jurídica de acto.

Título II. DEl presidente de la República

Capítulo I. De su estatuto y elección

Artículo 123. Definición

El Presidente de la República representa a la República portuguesa y desempeña, con carácter nato, las funciones de Presidente del Consejo de la Revolución y de Comandante Supremo de las Fuerzas Armadas.

Artículo 124. Elección

1. El Presidente de la República será elegido por sufragio universal, directo y secreto e los ciudadanos portugueses con derecho a voto, censados en el territorio nacional.

2. Se ejercerá en persona el derecho de voto en el territorio nacional.

Artículo 125. Elegibilidad

Serán elegibles los ciudadanos electores que sean portugueses de origen y mayores de 35 (treinta y cinco) años.

Artículo 126. Relegibilidad

1. No se admitirá la reelección para un tercer mandato consecutivo ni durante el quinquenio inmediatamente siguiente al final del segundo mandato consecutivo.

2. Si el Presidente de la República renuncia al cargo en el plazo de treinta días después de las elecciones a la Asamblea de la República realizadas a consecuencia de previa disolución de esta, no podrá presentarse candidato a la elección presidencia inmediata.

Artículo 127. De las candidaturas

1. Las candidaturas para Presidente de la República serán propuestas por un mínimo de 7.500 (siete mil quinientos) y un máximo de 15.000 (quince mil) ciudadanos con derecho a voto.

2. Las candidaturas deberán ser presentadas hasta treinta días antes de la fecha señalada para la elección ante el Tribunal Supremo de Justicia.

3. En caso de que muera algún candidato, se reabrirá el proceso electoral, con arreglo a lo que la ley disponga.

Artículo 128. Fecha de la elección

1. El Presidente de la República será elegido con treinta días de antelación, como mínimo, a la expiración el mandato de su predecesor, o bien dentro de los sesenta día siguientes a la vacante del cargo.

2. No podrá celebrarse la elección en los sesenta días anteriores o posteriores a la fecha de las elecciones a la Asamblea de la República, prolongándose el mandato del Presidente cesante por el período que, en su caso, resulte necesario.

3. Se prohibe, durante la prorroga prevista en el párrafo anterior, la disolución de la Asamblea de la República, sin perjuicio de lo dispuesto en el párrafo 3 del artículo 198.

Artículo 129. Del sistema electoral

1. Será elegido Presidente de la República el candidato que obtenga más de la mitad de los votos válidamente emitidos.

2. Si ninguno de los candidatos obtuviese dicho número de votos, se procederá a una segunda votación a los veintiún días siguientes a la primera.

3. A esta votación se presentaran solamente los dos candidatos que hayan tenido más votos y que no hayan retirado su candidatura.

Artículo 130. Toma de posesión y juramento

1. El Presidente electo tomara posesión ante la Asamblea de la República o, en el supuesto de que esta se encuentre disuelta, ante el Tribunal Supremo de Justicia.

2. La toma de posesión se celebrara el ultimo día del mandato del Presidente cesante o, en el caso de elección por vacante del cargo, en el octavo día siguiente al de publicación de los resultados electorales.

3. En el acto e toma de posesión del Presidente de la República electo prestara la siguiente declaración de compromiso:

«Juro por mi honor desempeñar fielmente las funciones de que quedo investido y defender y hacer cumplir la Constitución de la República portuguesa.»

Artículo 131. Mandato

1. El mandato de Presidente de la República tendrá una duración de cinco años y terminara con la toma de posesión del nuevo Presidente electo.

2. En caso de vacante, el Presidente de la República que haya de elegir iniciara un mandato nuevo.

Artículo 132. Ausencia del territorio nacional

1. El Presidente de la República no podrá ausentarse del territorio nacional sin autorización del Consejo de la Revolución y el asentimiento de la Asamblea de la República si esta estuviese reunida.

2. No será necesario el asentimiento de la Asamblea de la República en los casos de paso en transito o de viajes sin carácter oficial de duración no superior a diez días.

3. La inobservancia de lo dispuesto en el párrafo 1 llevara automáticamente aparejada la perdida del cargo.

Artículo 133. Responsabilidad penal

1. El Presidente de la República responderá ante el Tribunal Supremo de Justicia por los delitos cometidos en el ejercicio de sus funciones.

2. Corresponde al Consejo de la Revolución l iniciativa el procedimiento que, sin embargo, solo se incoara de obtenerse resolución favorable de la Asamblea de la República, aprobada por mayoría de dos tercios de los diputados en activo.

3. La condena llevara aparejada la destitución del cargo.

4. El Presidente de la República responderá una vez finalizado su mandato por delitos ajenos al ejercicio de sus funciones.

Artículo 134. Renuncia al mandato

1. El Presidente de la República podrá renunciar al cargo por mensaje dirigido al Consejo de la Revolución y a la Asamblea de la República.

2. La renuncia se hará efectiva al publicarse el mensaje en el Diario de la República.

Artículo 135. Sustitución interina

1. En caso de ausencia o impedimento temporal del Presidente de la República, así como durante la vacante del cago hasta la toma de posesión del nuevo Presidente, asumirá las funciones presidenciales el Presidente de la Asamblea de la

República o, en caso de encontrarse esta disuelta, el miembro del Consejo de la Revolución que este designe.

2. Al ejercer interinamente las funciones de Presidente de la República, no podrá el Presidente de la Asamblea de la República ejercer su mandato de diputado.

Capítulo II. Competencia

Artículo 136. Competencia en relación con el funcionamiento de otros órganos

Corresponde al Presidente de la República, en relación con otros órganos:

a) presidir el Consejo de la Revolución;

b) señalar el día de las elecciones a diputados con arreglo a la ley electoral;

c) convocar en sesión extraordinaria la Asamblea de la República;

d) dirigir mensajes a la Asamblea de la República;

e) disolver la Asamblea de la República, previo dictamen favorable del Consejo de la Revolución, u obligatoriamente en los casos previstos por el párrafo 3 del artículo 198.

f) nombrar y separar al Primer Ministro, con arreglo a lo dispuesto en el artículo 190.

g) nombrar y separar a los miembros del Gobierno, a propuesta del Primer Ministro;

h) presidir el Consejo de Ministros, cuando lo solicite el Primer Ministro;

i) disolver o suspender los órganos de las regiones autónomas, oído el Consejo de la Revolución;

j) nombrar a uno de los miembros de la Comisión Constitucional y al Presidente de la Comisión consultiva para los asuntos de las regiones autónomas;

l) (sic) nombrar y exonerar, a propuesta del Gobierno, al Presidente del Tribunal de Cuentas, al Fiscal General de la República y a los representantes del Estado en las regiones autónomas.

Artículo 137. Competencia para realizar actos propios

1. Corresponde al Presidente de la República, titulo de actuación propia:

a) ejercer el cargo de Comandante Supremo de las Fuerzas Armadas; b) promulgar y mandar publicar las leyes de la Asamblea de la República y los decretos-leyes y decretos reglamentarios del Consejo de la Revolución y del Gobierno, así como firmar los restantes decretos;

c) declarar el estado de sitio o el estado de emergencia, mediante autorización del Consejo de la Revolución, en la totalidad o en parte del territorio nacional, en los casos de agresión efectiva o inminente por fuerzas extranjeras, de grave amenaza o perturbación del orden democrático o de calamidad publica;

d) pronunciarse sobre cualesquiera emergencias graves para la vida de la República, oído el Consejo de la Revolución;

e) indultar y conmutar las penas.

2. La ausencia de promulgación o de firma determinara la inexistencia jurídica del acta.

3. El estado de sitio o el estado de excepción no podrá prolongarse más de treinta días sin ratificación por la Asamblea de la República.

Artículo 138. Competencia en las relaciones internacionales

Corresponde al Presidente de la República en las relaciones internacionales:

a) nombrar a los embajadores y a los enviados extraordinarios, a propuesta del Gobierno, y acreditar a los representantes diplomáticos extranjeros;

b) ratificar los tratados internacionales, una vez debidamente aprobados;

c) declarar la guerra en caso de agresión efectiva o inminente y hacer la paz, con la autorización del Consejo de la Revolución.

Artículo 139. De la promulgación y el veto

1. Si en n lapso de quince días contados desde la fecha de recepción de un acuerdo de la Asamblea de la República para su promulgación como ley o desde el final del plazo previsto en el artículo 277, el Consejo de la Revolución no se pronuncia por la inconstitucionalidad, podrá el Presidente, oído el Consejo de la Revolución y mediante mensaje razonado, ejercitar el derecho de veto, solicitando un nuevo examen del texto.

2. Si la Asamblea de la República confirma por mayoría absoluta del número de diputados en activo su votación anterior, no se podrá denegar la promulgación.

3. Se exigirá, sin embargo, mayoría cualificada de dos tercios de los diputados presentes para la confirmación de cuantos acuerdos afecten a las materias siguientes:

a) límites entre los sectores de propiedad publica, cooperativa y privada;

b) relaciones exteriores;

c) organización a la defensa nacional y definición de los deberes que de ella derivan;

d) reglamentación de los actos electorales previstos en la Constitución.

4. El Presidente ejercerá asimismo el derecho de veto previsto en los artículos 277 y 278.

Artículo 140. Actos del Presidente interino

El Presidente de la República interino podrá realizar cualquier acto de los previstos por los apartados a), b), e), f) e i) del número 1 del artículo 137 y a) del artículo 138, sin necesidad de resolución favorable del Consejo de la Revolución.

Artículo 141. Del refrendo ministerial

1. Requerirán el refrendo del Gobierno los actos del Presidente realizados al amparo de los apartados g), i) y l) del artículo 136; de los b), c) y e) del número 1 del artículo 137 y de los a), b) y c) del artículo 138.

2. Solo requerirá refrendo la promulgación de los actos del Consejo de la Revolución previstos en el apartado b) del número 1 del artículo 137, cuando impliquen aumento de gastos o disminución de ingresos.

3. La falta de refrendo determinara la inexistencia jurídica del acto.

Título III. Del Consejo de la Revolución

Capítulo I. Función y estructura

Artículo 142. Definición

El Consejo de la Revolución tendrá funciones de Consejo del Presidente de la República y de garante del funcionamiento regular de las instituciones democráticas, de garante de la observancia de la Constitución y de la fidelidad al espíritu de la Revolución portuguesa de 25 de abril de 1974 y de órgano político y legislativo en materia militar.

Artículo 143. Composición

1. Componen el Consejo de la Revolución:

a) el Presidente de la República;

b) el Jefe del Estado Mayor General de las Fuerzas Armadas y el Vicejefe del Estado Mayor General de las Fuerzas Armadas, cuando exista;

c) los Jefes de Estado Mayor de los tres Ejercitos de las Fuerzas Armadas;

d) el Primer Ministro, cuando sea militar;

e) catorce oficiales,d e los que ocho pertenecerán al Ejercito, tres a las Fuerzas Aéreas y otros tres a la Marina, designados por la rama respectiva de las Fuerzas Armadas.

2. En caso de muerte, renuncia o impedimento permanente comprobado por el propio Consejo, de alguno de los miembros a que se refiere el apartado e) del número anterior, la vacante será cubierta por designación de la rama respectiva de las Fuerzas Armadas.

Artículo 144. Organización y funcionamiento

1. Corresponde al Consejo de la Revolución regular su organización y funcionamiento y elaborar su reglamento interior.

2. El Consejo de la Revolución funcionara en régimen permanente.

3. No podrán las competencias del Consejo de la Revolución ser objeto de delegación total ni irrevocable en uno de sus miembros.

Capítulo II. Competencia

Artículo 145. Competencia como Consejo del Presidente de la República y como garante del funcionamiento regular de las instituciones democráticas

Corresponde al Consejo de la Revolución, en su calidad de Consejo del Presidente de la República y de garante del funcionamiento regular de las instituciones democráticas:

a) aconsejar al Presidente de la República en el ejercicio de sus funciones;

b) autorizar al Presidente de la República a declarar la guerra y hacer la paz;

c) autorizar al Presidente de la República a declarar el estado

de sitio o el estado de excepción en la totalidad o parte del territorio nacional;

d) autorizar al Presidente de la República a ausentarse del territorio nacional;

e) declarar la imposibilidad física permanente del Presidente de la República y comprobar los impedimentos temporales en el ejercicio de la funciones de este.

Artículo 146. Competencia como garante de la observancia de la Constitución

Corresponde al Consejo de la Revolución en su calidad de garante de la observancia de la Constitución:

a) pronunciarse por iniciativa propia a instancias del Presidente de la República sobre la constitucionalidad de cualquier texto, antes de ser promulgado o firmado;

b) velar por la adopción e las medidas necesarias en el cumplimiento de las normas constitucionales, para lo cual podrá el Consejo formular recomendaciones;

c) apreciar la constitucionalidad de cualesquiera textos ya publicados y declarar la inconstitucionalidad con fuerza obligatoria general con arreglo a lo previsto en el artículo 281.

Artículo 147. Competencia como garante e la fidelidad al espíritu de la Revolución portuguesa

Compete al Consejo de la Revolución en su calidad de garante de la fidelidad al espíritu de la Revolución portuguesa de 25 de abril de 1974:

a) pronunciarse junto con el Presidente de la República sobre el nombramiento y la exoneración del Primer Ministro;

b) pronunciarse junto con el Presidente de la República sobre el ejercicio del derecho de veto suspensivo con arreglo a lo dispuesto en el artículo 139.

Artículo 148. Competencia en materia militar

1. Compete al Consejo de la Revolución en su calidad de órgano político y legislativo en materia militar:

a) elaborar las leyes y reglamentos sobre la organización, el funcionamiento y la disciplina de las Fuerzas Armadas;

b) aprobar los tratados o acuerdos internacionales que versen sobre asuntos militares.

2. Será exclusiva del Consejo de la Revolución la competencia a que se refiere el apartado a) del párrafo anterior.

Artículo 149. Forma y valor de sus actos

1. Revestirán la forma de decreto-ley o de decreto reglamentario, según corresponda, los actos legislativos o reglamentarios del Consejo de la Revolución previstos en los artículos 144, 148 y 285.

2. Revestirán la forma de resolución y serán publicados independientemente de que los promulgue o no el Presidente de la República, los demás actos del Consejo de la Revolución.

3. Los decretos-leyes del Consejo de la Revolución tendrán valor idéntico al de las leyes de la Asamblea de la República o decretos-leyes del Gobierno y sus decretos reglamentarios tendrán el mismo valor que los decretos reglamentarios del Gobierno.

Título IV. De la Asamblea de la República

Capítulo I. De su estatuto y elección

Artículo 150. Definición
La Asamblea de la República será la asamblea representativa de todos los ciudadanos portugueses.

Artículo 151. Composición
La Asamblea de la República tendrá un mínimo de 240 (doscientos cuarenta) y un máximo de 250 (doscientos cincuenta) diputados, según lo que disponga la ley electoral.

Artículo 152. De las circunscripciones electorales
1. Los diputados serán elegidos por las circunscripciones electorales que la ley determine.
2. El número de diputados por cada circunscripción del territorio nacional será proporcional al número de ciudadanos electores inscritos en ella.
3. Los diputados representaran a todo el país y no a las circunscripciones por las cuales fueren elegidos.

Artículo 153. De las condiciones de elegibilidad
Serán elegibles los ciudadanos portugueses electores, salvo las restricciones que establezca la ley en virtud de incompatibilidades locales o del ejercicio de ciertos cargos.

Artículo 154. De las candidaturas
1. Las candidaturas serán presentadas, con arreglo a lo dispuesto en la ley, por los partidos políticos, aisladamente o

en coalición, si bien la listas podrán comprender ciudadanos no inscritos en los partidos respectivos.

2. Nadie podrá ser candidato por más de una circunscripción electoral o figurar en más de una lista.

Artículo 155. Del sistema electoral

1. Los diputados serán elegidos con arreglo al sistema de representación proporcional y al método de la media más alta de D'Hondt.

2. La ley podrá establecer límites a la conversión de los votos en mandatos por exigencia e un porcentaje nacional mínimo de votos.

Artículo 156. Vacantes y sustitución de diputados

Se reglaran por la ley electoral la cobertura de las vacantes que se produzcan en la Asamblea, así como la situación temporal de cualquier diputado por motivo procedente.

Artículo 157. De las incompatibilidades

1. Los diputados que sean funcionarios del Estado o de otras personas colectivas publicas no podrán ejercer sus respectivas funciones durante el periodo de funcionamiento efectivo de la Asamblea.

2. Los diputados que fueren nombrados miembros del Gobierno no podrán ejercer el mandato mientras no cesen en dicha función, y serán sustituidos con arreglo a lo previsto en el artículo anterior.

Artículo 158. Del ejercicio de la función de diputado

1. Los diputados no podrán ser perjudicados en su puesto de trabajo, en sus beneficios sociales o en su empleo permanente por razón del desempeño del mandato.

2. La ley regulara las condiciones en que la ausencia de los diputados por motivo de reuniones o misiones de la Asamblea a cualesquiera actos o diligencias oficiales ajenos a esta constituirá motivo justificado de aplazamiento de los mismos.

Artículo 159.

Poderes de los diputados Serán poderes e los diputados, ademas de los que se especifiquen en el Reglamento:

a) presentar proyectos de ley o de resolución y propuestas de deliberación;

b) hacer preguntas al Gobierno sobre cualesquiera actos de este o de la Administración publica;

c) pedir al Gobierno o a los órganos de cualquier entidad publica los elementos, informaciones y publicaciones oficiales que consideren útiles para el ejercicio de su mandato.

Artículo 160. De las inmunidades

1. Los diputados no responderán civil, criminal o disciplinariamente por los votos y opiniones que emitan en el ejercicio de sus funciones.

2. Ningún diputado podrá ser detenido o encarcelado sin autorización de la Asamblea, excepto por delito castigado por pena mayor y en flagrante delito.

3. Incoado procedimiento criminal contra un diputado y acusado este por auto de procesamiento o su equivalente, salvo en caso de delito sancionable con pena grave, la Asamblea resolverá si el diputado debe o no ser suspendido, a fin de que puedan continuar las actuaciones.

Artículo 161. De los derechos y franquicias

1. Los diputados no podrán ser jurados, peritos o testigos sin autorización de la Asamblea durante el periodo de funcionamiento efectivo de esta.

2. Los diputados gozaran de los siguientes derechos y franquicias:

a) aplazamiento del servicio militar, del servicio cívico o de la movilización civil;

b) libre circulación y derecho a pasaporte especial en sus desplazamientos oficiales al extranjero;

c) tarjeta especial de identidad;

d) las gratificaciones que establezca la ley.

Artículo 162. Deberes Constituyen deberes de los diputados:

a) asistir a las reuniones del Pleno y a las de las Comisiones a que pertenezcan;

b) desempeñar los cargos de la Asamblea y las funciones para las que fueren designados, a propuesta de los respectivos grupos parlamentarios;

c) participar en las votaciones.

Artículo 163. Perdida del mandato y renuncia al mismo

1. Perderán su mandato los diputados que:

a) incurran en alguna de las causas de incapacidad o incompatibilidad previstas por la ley;

b) no tomen asiento en la Asamblea o sobrepasen el número de faltas establecido en el Reglamento;

c) se inscriban en un partido distinto de aquel por el cual se hayan presentado en las elecciones;

d) sean judicialmente condenados por participar en organizaciones de ideología fascista.

2. Los diputados podrán renunciar a su acta mediante declaración escrita.

Capítulo II. Competencia

Artículo 164. Competencia política y legislativa

Compete a la Asamblea de la República:

a) aprobar modificaciones a la Constitución, con arreglo a lo dispuesto en los artículos 286 a 291;

b) aprobar los estatutos politico-administrativos de las regiones autónomas;

c) aprobar al estatuto el territorio de Macao;

d) hacer leyes sobre cualesquiera materias, excepto las reservadas por la Constitución al Consejo de la Revolución o al Gobierno;

e) conferir al Gobierno autorizaciones legislativas;

f) otorgar amnistías;

g) aprobar las leyes de Plan y de Presupuestos;

h) autorizar al Gobierno a realizar empréstitos y otras operaciones de crédito que no sean de deuda flotante, estableciendo las respectivas condiciones generales;

i) definir los límites de aguas territoriales y los derechos de Portugal a los fondos marinos contiguos;

j) aprobar los tratados que versen sobre materias de su exclusiva competencia legislativa, los tratados de participación de Portugal en organizaciones internacionales, los tratados de amistad, de paz, de defensa y de rectificación de fronteras y cualesquiera otros que el Gobierno acuerde someterle;

l) (sic) desempeñar las demás funciones que le estén atribuidas por la Constitución y por la ley.

Artículo 165. Competencia de fiscalización

Compete a la Asamblea de la República, en el ejercicio de funciones de fiscalización:

a) velar por el cumplimiento de la Constitución y de las leyes y examinar los actos de Gobiernos y de la Administración;

b) ratificar la declaración del estado de sitio o de excepción que exceda de treinta días, so pena de caducidad a la expiración de este lapso;

c) ratificar los decretos-leyes del Gobierno, excepto los que se elaboren en el ejercicio de su exclusiva competencia legislativa; d) recibir las cuentas del Estado y de las demás entidades publicas que la ley determine, las cuales serán presentadas antes del 31 de diciembre del a;o siguiente, con la memoria del Tribunal de Cuentas, si estuviese elaborada, y los demás elementos necesarios para el examen de aquellas;

e) examinar las memorias de ejecución, anuales y final, del Plan, que se presentaran juntamente con las cuentas publicas.

Artículo 166. Competencia en relación con otros órganos

Compete a la Asamblea de la República en relación con otros órganos:

a) examinar el programa del Gobierno;

b) votar mociones de confianza y de censura al Gobierno;

c) pronunciarse sobre la disolución o la suspensión de los órganos de las regiones autónomas;

d) designar al Procurador de Justicia, a uno de los vocales de la Comisión Constitucional y a dos de los vocales de la Comisión consultiva para los asuntos de las regiones autónomas.

Artículo 167. Reserva de competencia legislativa

Será de competencia exclusiva de la Asamblea de la República legislar sobre las materias siguientes:

a) adquisición, pérdida y recuperación de la ciudadanía portuguesa;

b) estado y capacidad de las personas;

c) derechos, libertades y garantías;

d) regímenes de estado de sitio y de estado de excepción;

e) definición de los delitos, de las penas y de las medidas de seguridad y procedimiento criminal, salvo lo dispuesto en el apartado a) del número 1 del artículo 148;

f) elecciones de los titulares de órganos de soberanía, de las regiones autónomas y del poder local;

g) asociaciones y partidos políticos;

h) organización de las entidades locales autónomas;

i) participación de las organizaciones populares básicas en el ejercicio del poder local;

j) organización y competencia de los tribunales y del Ministerio publico y estatuto de los magistrados respectivos, excepto en materia de tribunales militares, sin perjuicio de lo dispuesto en el párrafo 2 del artículo 218;

l) (sic) organización de la defensa nacional y definición de los deberes que deriven de ella;

m) régimen y ámbito de la función publica y responsabilidad civil de la Administración;

n) bases del sistema de enseñanza;

o) creación de impuestos y sistema fiscal;

p) definición de los sectores de propiedad de los medios de producción, incluyendo la de los sectores básicos en los cuales esta vedada la actividad a las empresas privadas y a otras entidades de la misma naturaleza;

q)medios y formas de intervención y de nacionalización y socialización de los medios de producción, así como los criterios de fijación de indemnizaciones;

r) las bases de la reforma agraria, incluyendo los criterios de fijación de los límites máximos de las unidades de explotación agrícola privada;

s) sistema monetario y patrón de pesos y medidas;

t) sistema de planificación, composición del Consejo Nacional del Plan, determinación de las regiones de Plan y definición del esquema de los órganos de planificación regional;

u) remuneración del Presidente de la República, de los diputados, de los miembros del Gobierno y de los jueces de tribunales superiores.

Artículo 168. Autorizaciones legislativas

1. La Asamblea de la República podrá autorizar al Gobierno a elaborar decretos-leyes sobre materias de su competencia exclusiva, si bien deberá definir el objeto y extensión de la autorización, así como su duración, que podrá ser prorrogada.

2. Las autorizaciones legislativas no podrán ser utilizadas más de una vez, sin perjuicio de que se ejecuten por partes.

3. Las autorizaciones caducaran al ser relevado el Gobierno al que hubieren sido concebidas, al expirar la legislatura o al ser disuelta la Asamblea de la República.

Artículo 169. Forma de los actos

1. Revestirán la forma de ley constitucional los actos previstos en el apartado a) del artículo 164.

2. Revestirán la forma de ley los actos previstos en los apartados b) a j) del artículo 164 y en el apartado b) del **Artículo** 165.

3. Revestirán la forma de moción los actos previstos en los apartados a) y b) del artículo 166.

4. Revestirán la forma de resolución los demás actos de la Asamblea de la República.

5. Las resoluciones, excepto las de aprobación de tratados internacionales, serán publicadas con independencia de que se promulguen o no.

Artículo 170. De la iniciativa de las leyes

1. La iniciativa de la ley corresponderá a los diputados y al Gobierno, así como, en lo relativo a las regiones autónomas, a las asambleas regionales respectivas.

2. Los diputados no podrán presentar proposiciones de ley ni enmiendas que impliquen aumento de los gastos o disminución de los ingresos del Estado previstos en la Ley de Presupuestos.

3. Los proyectos y las proposiciones de ley definitivamente rechazados no podrán ser presentados de nuevo en el mismo periodo de sesiones legislativas, salvo nueva elección de Asamblea de la República.

4. Los proyectos y las proposiciones de ley no votados en el periodo de sesiones legislativas en que hayan sido presentados no necesitaran ser presentados de nuevo en los periodos de sesiones legislativas siguientes, salvo en caso de expiración de la legislatura, disolución de la Asamblea y, en cuanto a las proposiciones de ley, de salida del Gobierno.

Artículo 171. De la discusión y votación

1. La discusión de los proyectos y proposiciones de ley comprenderá un debate sobre la generalidad y otro e tipo especifico.

2. Si la Asamblea así lo acordare, los textos aprobados de modo general serán votados en sus aspectos específicos por las Comisiones, sin perjuicio del poder de advocación de los mismos por el pleno de la Asamblea y de la votación final de este para la aprobación de conjunto.

3. Se votaran obligatoriamente en forma específica las leyes sobre las materias comprendidas en los apartados a), d), g), h) e i) del artículo 167.

Artículo 172. De la ratificación de decretos-leyes

1. En el caso de decretos-leyes publicados por el Gobierno durante el funcionamiento de la Asamblea de la República, se considerara otorgada la ratificación o si en las primeras quince reuniones posteriores a la publicación del texto no solicitan cinco diputados como mínimo que este se sometan a ratificación.

2. En el caso de decretos-leyes publicados por el Gobierno no estando en funciones la Asamblea de la República o en uso de autorizaciones legislativas, se considerara otorgada la ratificación si en las primeras cinco reuniones posteriores a la publicación del texto no solicitan veinte diputados como mínimo que se sometan a ratificación.

3. La ratificación se podrá otorgar con enmiendas y en este caso el decreto-ley quedara modificado con arreglo a la ley que la Asamblea vote.

4. Si se deniega la ratificación, el decreto-ley dejara de regir desde el día en que se publique la resolución en el Diario de la República.

Artículo 173. Del procedimiento de urgencia

Podrá la Asamblea de la República, por iniciativa de cualquier diputado o del Gobierno, declarar la urgencia de la tramitación de cualquier proyecto o proposición de ley o de resolución, así como el del examen de un decreto-ley cuyo estudio le haya sido recomendado por la Comisión Permanente.

Capítulo III. Organización y funcionamiento

Artículo 174. De la legislatura

1. La legislatura tendrá una duración de cuatro años.

2. En caso de disolución la Asamblea que se elija en esta ocasión no empezara una nueva legislatura.

3. Si la elección en virtud de disolución se celebra durante el ultimo periodo de sesiones legislativas, podrá la Asamblea elegida completar la legislatura en curso y desarrollar la siguiente.

Artículo 175. De la disolución

1. El decreto de disolución de la Asamblea de la República deberá fijar la fecha de las nuevas elecciones, que se celebraran dentro de un plazo de noventa días, con arreglo a lo dispuesto en la ley electoral vigente en el momento de la disolución.

2. La Asamblea de la República no podrá ser disuelta durante la vigencia del estado de sitio o del estado de excepción.

3. La inobservancia e lo dispuesto en este artículo determinara la inexistencia uridia del decreto de disolución.

Artículo 176. Reunión después de las elecciones

1. La Asamblea de la República se reunirá, por derecho propio, el décimo día siguiente a la comprobación de los resultados definitivos de las elecciones.

2. Si la fecha en cuestión cayese fuera del periodo de sesiones legislativas, la Asamblea se reunirá a efectos de lo que se dispone en el artículo 178.

Artículo 177. Periodo de sesiones legislativas y convocatoria de la Asamblea

1. El periodo de sesiones legislativas ira del 15 (quince) de octubre al 15 de junio, sin perjuicio de las suspensiones que la Asamblea establezca.

2. Fuera del periodo indicado en el párrafo anterior, la Asamblea se reunirá a iniciativa de la Comisión Permanente o, siendo imposible dicha iniciativa y en caso de emergencia grave, a iniciativa propia.

3. La Asamblea podrá asimismo ser convocada a titulo extraordinario por el Presidente de la República para ocuparse de asuntos determinados.

Artículo 178. Competencia interna de la Asamblea

Corresponde a la Asamblea de la República elaborar y aprobar su reglamento con arreglo a la Constitución, elegir a su Presidente y a los demás miembros de la Mes ay constituir y elegir la Comisión Permanente y las restantes comisiones.

Artículo 179. Orden del día de los Plenos

1. El oren del día será fijado por el Presidente de la Asamblea de la República, según la prelación de materias definida en el Reglamento.

2. El Gobierno podrá solicitar la prioridad para asuntos de interés nacional cuya resolución sea urgente.

3. Todos los grupos parlamentarios tendrán derecho a la configuración del orden del día de un número determinado de reuniones, con arreglo a criterio que se establecerá en el Reglamento y con salvaguardia en todo caso de la posición de los partidos minoritarios o no representados en el Gobierno.

Artículo 180. Participación de los miembros del Gobierno en las sesiones plenarias

1. Los miembros del Gobierno tendrán derecho a asistir a las reuniones plenarias de la Asamblea y podrán hacer uso de la palabra, con arreglo a lo que disponga el Reglamento.

2. Podrán señalarse de acuerdo con el Gobierno reuniones en que los miembros de este estarán presentes para responder a preguntas y ruegos de aclaración por parte de los diputados, formulados verbalmente o por escrito.

Artículo 181. De las Comisiones

1. La Asamblea de la República tendrá las Comisiones previstas en el Reglamento y podrá constituir Comisiones eventuales de investigación o para cualquier otro fin en particular.

2. Las Comisiones podrán solicitar la participación de miembros del Gobierno en sus trabajos.

3. Las peticiones dirigidas a la Asamblea serán examinadas por las Comisiones, las cuales podrán solicitar la declaración testifical de cualquier ciudadano.

Artículo 182. De la Comisión Permanente

1. En los intervalos o suspensiones de los periodos de sesiones legislativas funcionara la Comisión Permanente de la Asamblea de la República.

2. Corresponde a la Comisión Permanente:

a) seguir la actividad del Gobierno y de la Administración;

b) ejercitar los poderes de la Asamblea en relación con el mandato de los diputados;

c) promover la convocatoria de la Asamblea siempre que sea necesario;

d) preparar la apertura el periodo de sesiones legislativas;

e) recomendar el examen de decretos-leyes publicados por el Gobierno no estando en funcionamiento efectivo la Asamblea.

Artículo 183. De los grupos parlamentarios

1. Los diputados elegidos por cada partido o coligación de partidos podrán constituirse en grupo parlamentario.

2. Constituyen derechos de cada grupo parlamentario:

a) participar en las Comisiones de la Asamblea en función del número de sus miembros, indicando sus representantes en las mismas;

b) ser oído en la fijación del orden del día;

c) provocar, mediante una interpelación al Gobierno, la apertura de dos debates en cada periodo de sesiones legislativas sobre asuntos de política general;

d) solicitar a la Comisión Permanente que promueve la convocación de la Asamblea;

e) recaba la constitución de Comisiones parlamentarias de investigación.

3. Cada grupo parlamentario tendrá derecho a disponer de locales de trabajo en la sede de la Asamblea, así como de personal técnico y administrativo de su confianza, en los terminos que la ley establezca.

Artículo 184. De los funcionarios y especialistas al servicio de la Asamblea

Los trabajos de la Asamblea y los de sus Comisiones serán auxiliados por un cuerpo permanente de funcionarios técnicos y administrativos y por especialistas requisados o temporalmente contratados, en el número que el Presidente considere necesario.

Título V. Del Gobierno

Capítulo I. De su función y estructura

Artículo 185. Definición

1. El Gobierno es el órgano de conducción de la política general del país y el órgano superior de la Administración Publica.

2. El Gobierno define y ejecuta su política dentro del mayor respeto a la Constitución, de tal forma que se ajuste a los objetivos de la democracia y de la construcción del socialismo.

Artículo 186. Composición

1. El Gobierno estará constituido por el Primer Ministro, por los Ministros y por los Secretarios y Subsecretarios de Estado.

2. El Gobierno podrá incluir uno o más de un Vicepresidente.

3. El número, la designación y las atribuciones de los Ministerios y Secretarias de Estado, así como las formas de coordinación entre ellos, serán determinados, según los casos, por los decretos de nombramiento de titulares respectivos o por decreto-ley.

Artículo 187. Del Consejo de Ministros

1. El Consejo de Ministros estará constituido por el Primer Ministro, por los Vice-primeros Ministros, si los hubiere, y por los Ministros.

2. La ley podrá crear Consejos de Ministros especializados por razón de la materia.

3. Podrán ser convocados para participar en las reuniones del Consejo de Ministro los Secretarios y Subsecretarios de Estado.

Artículo 188. Sustitución de miembros del Gobierno

1. En ausencia de un Vice-primer Ministro, el Primer Ministro será suplido en caso de ausencia o impedimento por el Ministro que el mismo indique al Presidente de la República o, a falta de esta indicación, por el Ministro que designe el Presidente de la República, oído el Consejo de la Revolución.

2. Cada Ministro será sustituido en su ausencia o en caso de impedimento por el Secretario de Estado que aquel indique al Primer Ministro o, a falta de esta indicación, por el miembro del Gobierno que el Primer Ministro designe.

Artículo 189. Cesación de funciones

1. Las funciones del Primer Ministro cesaran al ser este revocado por el Presidente de la República.

2. Las funciones de todos los miembros del Gobierno cesaran con la revocación del Primer Ministro.

3. Las funciones de los Secretarios y Subsecretarios de Estado cesaran con la revocación del Ministro respectivo.

4. En caso de dimisión, los miembros del Gobierno cesante permanecerán en funciones hasta que tome posesión el nuevo Gobierno.

Capítulo II. Formación y responsabilidad

Artículo 190.

1. El Primer Ministro será nombrado por el Presidente de la República, oídos el Consejo de la Revolución y los partidos representados en la Asamblea de la República y teniendo en cuenta los resultados electorales.

2. Los restantes miembros del Gobiernos serán nombrados por el Presidente de la República, a propuesta del Primer Ministro.

Artículo 191. Del programa del Gobierno

En el programa del Gobierno constaran las principales medidas políticas y legislativas que se hayan de adoptar o de proponer al Presidente de la República o a la Asamblea de la República para la aplicación de la Constitución.

Artículo 192. De la solidaridad gubernamental

Los miembros del Gobierno estarán vinculados al programa del Gobierno y a los acuerdos adoptados en el seno del Consejo de Ministros.

Artículo 193. De la responsabilidad política del Gobierno

El Gobierno será políticamente responsable ante el Presidente de la República y la Asamblea de la República.

Artículo 194. Responsabilidad política de los miembros del Gobierno

1. El Primer Ministro será responsable políticamente ante el Presidente de la República y, en el ámbito de la responsabilidad gubernamental, ante la Asamblea de la República.

2. Los Vice-primeros Ministros y los Ministros serán responsables políticamente ante el Primer Ministro y, en el ámbito de la responsabilidad gubernamental, ante la Asamblea de la República.

3. Los Secretarios y Subsecretarios de Estado serán responsables políticamente ante el Primer Ministro y el Ministro respectivo.

Artículo 195. Examen del programa del Gobierno por la Asamblea de la República

1. El Programa de Gobierno será presentado a enjuiciamiento de la Asamblea de la República en el plazo máximo de diez días después del nombramiento del Primer Ministro.

2. Si la Asamblea de la República no se haya en funcionamiento efectivo, será obligatoriamente convocada con este fin por su Presidente.

3. La discusión no podrá exceder de cinco días, y antes de que se cierre podrá cualquier grupo parlamentario proponer el rechace el programa del Gobierno.

4. El rechace del programa del Gobierno exigirá mayoría absoluta de los diputados en ejercicio activo de sus funciones.

Artículo 196. Solicitud de voto de confianza

El Gobierno podrá solicitar a la Asamblea de la República la aprobación de un voto de confianza sobre una declaración de política general o sobre cualquier asunto importante y de interés nacional.

Artículo 197. De las mociones de censura

1. La Asamblea de la República podrá votar mociones de censura al Gobierno sobre la aplicación de su programa o algún asunto relevante de interés nacional, por iniciativa de una cuarta parte de los diputados en ejercicio activo de sus funciones o de cualquier grupo parlamentario.

2. Las mociones de censura solo podrán ser examinadas cuarenta y ocho horas después de su presentación y el debate correspondiente no podrá durar más de tres días.

3. Si la moción de censura no fuere aprobada, sus signatarios no podrán presentar otra durante el mismo periodo de sesiones legislativas.

Artículo 198. Efectos

1. Llevaran aparejada la dimisión del Gobierno:

a) el rechace del programa del Gobierno;

b) la no aprobación de una moción de confianza;

c) la aprobación de dos mociones de censura con treinta días, por lo menos, de intervalo, por mayoría absoluta de los diputados en el ejercicio activo de sus funciones.

2. El Presidente de la República no podrá disolver la Asamblea por causa del rechace del programa de Gobierno, saldo en el caso de tres rechaces sucesivos.

3. El Presidente disolverá obligatoriamente la Asamblea cuando esta haya denegado la confianza o votado la censura al Gobierno, acarreando por cualquiera de estos motivos la tercera sustitución del Gobierno.

Artículo 199. De la responsabilidad civil y criminal de los miembros del Gobierno

1. Los miembros del Gobierno serán civil y criminalmente responsables por los actos que cometan o que legalicen.

2. Incoado procedimiento judicial contra un miembro del Gobierno por la comisión de un delito y acusado aquel mediante auto de procesamiento o su equivalente, las actuaciones solo podrán proseguir, en el supuesto de que el delito este sancionado con pena grave, si el miembro del Gobierno es suspendido del ejercicio de sus funciones.

Capítulo III. Competencia

Artículo 200. Competencia política

Compete al Gobierno en el ejercicio de funciones políticas:

a) refrendar los actos del Presidente de la República con arreglo a lo dispuesto en el artículo 141;

b) negociar y concertar convenios internacionales;

c) aprobar los acuerdos internacionales, así como los tratados cuya aprobación no sea de competencia del Consejo de la Revolución o de la Asamblea de la República o que no hayan sido sometidos a esta;

d) realizar los demás actos que le estén encomendados por la Constitución o por la ley.

Artículo 201. Competencia legislativa

1. Corresponde al Gobierno en el ejercicio de funciones legislativas:

a) elaborar decretos-leyes en materias no reservadas al Consejo de la Revolución o a la Asamblea Nacional;

b) elaborar decretos-leyes en materias reservadas a la Asamblea de la República, previa autorización de esta;

c) elaborar decretos-leyes de desarrollo de los principios o de las bases generales de los ordenamientos jurídicos contenidos en leyes, a las cuales deberán aquellos ajustarse.

2. Será de la exclusiva competencia legislativa del Gobierno lo relativo a su propia organización y funcionamiento.

3. Los decretos-leyes no sometidos al Consejo de Ministros deberán ir firmados por el Primer Ministro y por los Ministros competentes.

Artículo 202. Competencia administrativa

Corresponde al Gobierno en el ejercicio de funciones administrativas:

a) elaborar el Plan, con base a la ley respectiva, y hacerlo ejecutar;

b) elaborar los Presupuestos Generales del Estado, con base en la ley respectiva, y hacerlos ejecutar;

c) dictar los reglamentos necesarios para la buena ejecución de las leyes;

d) dirigir los servicios y la actividad de la administración directa e indirecta del Estado y supervisar la administración autónoma;

e) realizar todos los actos exigidos por la ley en relación con los funcionarios y agentes del Estado y de otras personas colectivas publicas f) defender la legalidad democrática;

g) realizar todos los actos y tomar todas las medidas necesarias para la promoción del desarrollo económico-social y la satisfacción de las necesidades colectivas.

Artículo 203. Competencia del Consejo de Ministros

1. Compete al Consejo de Ministros:

a) definir las lineas generales de la política gubernamental, así como las de su aplicación;

b) resolver sobre si procede solicitar la confianza a la Asamblea de la República;

c) aprobar las proposiciones de ley y de resolución;

d) aprobar los decretos-leyes que se traduzcan en la ejecución directa del programa del Gobierno;

e) aprobar el Plan y los Presupuestos;

f) aprobar los actos del Gobierno que impliquen aumento o disminución de los ingresos o gastos publicos;

g) resolver sobre otros asuntos de la competencia del Gobierno que le sean atribuidos por una ley o que le sean presentados por el Primer Ministro o por cualquier Ministro.

2. Los Consejos de Ministros especializados ejercerán la competencia que les este atribuida por ley o delegada por el Consejo de Ministros.

Artículo 204. Competencia de los miembros del Gobierno

1. Compete al Primer Ministro:

a) dirigir la política general del Gobierno, coordinando y orientando la acción de todos los Ministros;

b) dirigir el funcionamiento del Gobierno y establecer la relaciones de carácter general entre aquel y los demás órganos del Estado;

c) ejercer las demás funciones que le estén atribuidas por la Constitución y por la ley;

2. Compete a los Ministros:

a) aplicar la política señalada por sus Ministerios;

b) establecer las relaciones de carácter general entre el Gobierno y los demás órganos del Estado en el ámbito de los Ministerios respectivos.

Título VI. De los Tribunales

Capítulo I. Principios generales

Artículo 205. Definición
Los Tribunales serán los órganos de soberanía con competencia para administrar justicia en nombre del pueblo.

Artículo 206. De la función jurisdiccional
En la administración de justicia corresponde a los Tribunales asegurar la defensa de los derechos e intereses legalmente protegidos de los ciudadanos, reprimir la violación de la legalidad democrática y dirimir los conflictos de intereses publicos y privados.

Artículo 207. Examen de inconstitucionalidad
En los hechos sometidos a enjuiciamiento no podrán los Tribunales aplicar normas inconstitucionales, y tendrán con este objeto, y sin perjuicio de lo dispuesto en el artículo 282, la facultad de apreciar la existencia de inconstitucionalidad.

Artículo 208. Independencia Los Tribunales serán independientes y solo estarán sujetos a la ley.

Artículo 209. Auxilio de otras autoridades
Los Tribunales tendrán derecho en el ejercicio de sus funciones al auxilio de las demás autoridades.

Artículo 210. Ejecución de las sentencias

1. Las sentencias de los Tribunales serán obligatorias para todos los entes publicos y prevalecerán sobre las decisiones de cualquier otra autoridad.

2. La ley regulara las modalidades de ejecución de las decisiones de los Tribunales en relación con toda clase de autoridades y determinara las sanciones aplicables a los responsables de la inejecución de aquellas.

Artículo 211. Audiencias de los Tribunales

Serán publicas las audiencias de los Tribunales, salvo cuando el mismo Tribunal disponga lo contrario, o por auto motivado, para la salvaguardia de la dignidad de las personas y de la moral publica o para garantizar su normal funcionamiento.

Capítulo II. Organización de los Tribunales

Artículo 212. Categorías de Tribunales

1. Habrá Tribunales judiciales de primera instancia, de segunda instancia y el Tribunal Supremo de Justicia.

2. Existirán Tribunales militares y un Tribunal de Cuentas.

3. Podrá haber Tribunales administrativos y fiscales.

Artículo 213. Especialización

1. Podrán existir en primera instancia Tribunales con una competencia especifica y Tribunales especializados para el enjuiciamiento de materias determinadas.

2. Los Tribunales de Apelación y el Tribunal Supremo de Justicia podrán funcionar en secciones especializadas.

3. Se prohibe la existencia de Tribunales con competencia exclusiva para el enjuiciamiento de categorías determinadas de delitos.

Artículo 214. De las instancias

1. Los Tribunales de primera instancia serán, por regla general, los Tribunales comarcales, a los cuales se equiparan los mencionados en el párrafo 1 del artículo anterior.

2. Los Tribunales de segunda instancia serán, por regla general, los Tribunales de apelación.

3. El Tribunal Supremo de Justicia funcionara como Tribunal de instancia en los casos que la ley determine.

Artículo 215. Del Tribunal Supremo de Justicia

El Tribunal Supremo de Justicia será el órgano superior de la jerarquía de los Tribunales judiciales.

Artículo 216. Del jurado

1. El jurado estará compuesto por los jueces del Tribunal colectivo y por individuos jurados.

2. El jurado intervendrá en el enjuiciamiento de los delitos graves y funcionara cuando lo solicite la acusación o la defensa.

Artículo 217. De la participación popular y la asesoría técnica

1. La ley podrá instituir jueces populares y establecer otras formas de participación popular en la administración de justicia.

2. La ley podrá establecer la participación de asesores técnicamente cualificados para el enjuiciamiento de materias determinadas.

Artículo 218. Competencia de los Tribunales militares

1. Los Tribunales militares tendrán competencia para el enjuiciamiento en materia criminal de los delitos esencialmente militares.

2. La ley podrá, por motivo significativo, incluir en la jurisdicción de los Tribunales militares delitos dolosos equiparables a los previstos en el párrafo 1.

Artículo 219. Competencia del Tribunal de Cuentas

Compete al Tribunal de Cuentas emitir dictamen sobre las Cuentas Generales del Estado, fiscalizar la legalidad de los gastos publicos y censurar las cuentas que la ley ordene someterle.

Capítulo III. De la Magistratura de los Tribunales judiciales

Artículo 220. Unidad de la magistratura

Los jueces de los Tribunales judiciales formaran un cuerpo único y se regirán por un solo estatuto.

Artículo 221. De las garantías

1. Los jueces serán inamovibles y no podrán ser trasladados, suspendidos, jubilados o destituidos sino en los casos previstos por la ley.

2. Los jueces no podrán ser responsabilizados por sus decisiones, salvo las excepciones que la ley especifique.

Artículo 222. De las incompatibilidades

1. Los jueces en activo no podrán desempeñar ninguna otra función publica o privada retribuida.

2. Los jueces en activo no podrán ser nombrados para comisiones de servicio extrañas a la actividad judicial sin autorización del Consejo Superior de la Magistratura.

Artículo 223. Del Consejo Superior de la Magistratura

1. La ley determinara las normas de composición del Consejo Superior de la Magistratura, el cual deberá incluir miembros elegidos por los jueces entre ellos mismos.

2. Competen al Consejo Superior de la Magistratura el nombramiento, el destino, el traslado y el ascenso de los jueces y el ejercicio de la acción disciplinaria.

Capítulo IV. Del Ministerio Fiscal

Artículo 224. De sus funciones y estatuto

1. Compete al Ministerio Fiscal representar al Estado, ejercer la acción penal, defender la legalidad democrática y los intereses que la ley determine.

2. El Ministerio Fiscal gozara de un estatuto propio.

Artículo 225. De los agentes del Ministerio Fiscal

1. Los agentes del Ministerio Fiscal serán magistrados responsables, jerárquicamente subordinados, y no podrán ser trasladados, suspendidos, jubilados ni destituidos sino en los casos previstos por la ley.

2. Compete a la Fiscalía General de la República el nombramiento, destino, traslado y ascenso de los agentes del Ministerio Fiscal y el ejercicio de la acción disciplinaria.

Artículo 226. De la Fiscalía General de la República

1. La Fiscalía General de la República será el órgano superior del Ministerio Fiscal y será presidida por el Fiscal General de la República.

2. La ley determinara las normas de organización y composición de la Fiscalía General de la República.

Título VII. De las regiones autónomas

Artículo 227. Del régimen político-administrativo de las Azores y las Madera

1. El régimen político-administrativo propio de los archipiélagos de las Azores y las Madera se basara en los condicionamientos geográficos, económicos y sociales y en las históricas aspiraciones a la autonomía de las poblaciones insulares.

2. La autonomía de las regiones se propone la participación democrática de los ciudadanos, el desarrollo económico-social y la promoción y defensa de los intereses regionales, así como el refuerzo de la unidad nacional y de los lazos de solidaridad entre todos los portugueses.

3. La autonomía político-administrativa regional no afectara a la integridad de la soberanía del Estado y se ejercitara en el marco de la Constitución.

Artículo. 228. Estatutos

1. Los proyectos de estatutos político-administrativos de las regiones autónomas serán elaborados por las asambleas regionales y enviados para su discusión y aprobación a la Asamblea de la República.

2. Si la Asamblea de la República rechaza el proyecto o introduce alteraciones en el, lo remitirá a la respectiva asamblea regional para que esta lo examine y emita dictamen.

3. Elaborado el dictamen, la Asamblea de la República adoptara la resolución final.

Artículo 229. Poderes de las regiones autónomas

1. Las regiones autónomas son personas colectivas de derecho publico y tendrán la siguientes atribuciones, que se definirán en los estatutos respectivos:

a) legislar, dentro del respeto a la Constitución y a las leyes generales de la República, en materias de interés especifico para la región que no estén reservadas a la competencia propia de los órganos de soberanía;

b) reglamentar la legislación regional y las leyes generales emanadas de los órganos de soberanía que no reserven a estos el respectivo poder reglamentario;

c) ejercitar la iniciativa legislativa, mediante la presentación de propuestas de ley a la Asamblea de la República;

d) ejercer el poder ejecutivo propio;

e) administrar su patrimonio y disponer de el y celebrar los actos y contratos en que estén interesadas;

f) disponer de los ingresos fiscales percibidos por ellas y de otros que les estén atribuidos y afectarlos a sus gastos;

g) ejercer poder de orientación y de tutela sobre los entes locales autónomos;

h) supervisar los servicios, instituciones publicas y empresas nacionalizadas que ejerzan su actividad exclusivamente en la región y en otros casos en que el interés regional lo justifique;

i) elaborar el plan económico regional y participar en la elaboración del Plan;

j) participar en la definición y ejecución de las políticas fiscal, monetaria, financiera y cambiaria, de tal modo que se garantice el control regional de los medios de pago en circulación y la financiación de las inversiones necesarias para su desarrollo económico-social;

l) (sic) participar en las negociaciones de los tratados y acuerdos internacionales que les afecten directamente, así como en los beneficios derivados de las mismas.

2. Las asambleas regionales podrán solicitar al Consejo de la Revolución la declaración de inconstitucionalidad de normas jurídicas emanadas de los órganos de soberanía, por violación de los derechos de las regiones consagradas en la Constitución.

Artículo 230. Límites de los poderes

Se prohibe a las regiones autónomas:

a) restringir los derechos legalmente reconocidos a los trabajadores;

b) establecer restricciones al transito de personas y bienes entre ellas y el resto del territorio nacional;

c) reservar el ejercicio de profesión alguna o el acceso a cualesquiera cargos publicos a los naturales o residentes de la región.

Artículo 231. Cooperación entre los órganos de soberanía y los órganos regionales

1. Los órganos de soberanía aseguraran, en cooperación con los órganos de gobierno regional, el desarrollo económico y social de las regiones autónomas, con vistas, en particular, a la corrección de las desigualdades derivadas de la insularidad.

2. Los órganos de soberanía oirán siempre, en lo relativo a las cuestiones de su competencia referentes a las regiones autónomas, a los órganos de gobierno regional.

Artículo 232. Representación de la soberanía de la República

1. La soberanía de la República estará representada especialmente en cada una de las regiones autónomas por un Ministro de la República, nombrado por el Presidente de la República a propuesta del Primer Ministro, oído el Consejo de la Revolución.

2. Compete al Ministro de la República la coordinación de la actividad de los servicios centrales del Estado en lo tocante a los intereses de la región, para lo cual dispondrá de una competencia ministerial y tendrá asiento en el Consejo de Ministros en las reuniones que traten de asuntos que interesen a la región respectiva.

3. El Ministro de la República supervisara las funciones administrativas ejercidas por el Estado en la región y las coordinara con las ejercidas por la misma región.

4. En caso de ausencia o impedimento, el Ministro de la República será sustituido en la región por el presidente de la asamblea regional.

Artículo 233. De los órganos de gobierno propio de las regiones

1. Son órganos de gobierno propios de cada región la asamblea regional y el gobierno regional.

2. La asamblea regional será elegida por sufragio universal, directo y secreto, con arreglo al principio de la representación proporcional.

3. Será de competencia exclusiva de la asamblea regional el ejercicio de las atribuciones a que se refiere el apartado a), la segunda parte del apartado b) y el apartado c) del artículo 229, así como la aprobación de los presupuestos y del plan económico regional.

4. El gobierno regional será políticamente responsable ante la asamblea regional y su presidente será nombrado por

el Ministro de la República, tomando en consideración los resultados electorales.

5. El Ministro de la República nombrará y separara a los restantes miembros del gobierno regional, a propuesta del presidente respectivo.

Artículo 234. Disolución y suspensión de los órganos regionales

1. Los órganos de las regiones autónomas podrán ser disueltos o suspendidos por el Presidente de la República por haber cometido actos contrarios a la Constitución, oídos el Consejo de la Revolución y la Asamblea de la República.

2. La disolución de los órganos regionales obligara a celebrar nuevas elecciones en el plazo máximo de noventa días, con arreglo a la ley electoral vigente en el momento de la disolución, so pena de nulidad del decreto correspondiente.

3. La suspensión de los órganos regionales deberá decretarse por plazo fijo, que no podrá exceder de quince días, y no se podrán efectuar más de dos suspensiones durante cada legislatura de la asamblea regional.

4. En caso de disolución o suspensión de los órganos regionales, el gobierno de la región será asegurado por el Ministro de la República.

Artículo 235. De los decretos regionales

1. Los decretos regionales, así como los reglamentos de las leyes generales de la República, serán remitidos al Ministro de la República para su firma y publicación.

2. En el plazo de quince días contados desde la recepción de cualquier texto de los previstos en el número anterior, el Ministro de la República podrá, mediante mensaje motiva-

do, ejercitar el derecho de veto solicitando un nuevo estudio del texto.

3. Si la Asamblea regional confirmase su votación por mayoría absoluta de los miembros en ejercicio activo de sus funciones, no se podrá denegar la firma.

4. No obstante, si el Ministro de la República considera que el texto es inconstitucional, podrá suscitar la cuestión de inconstitucionalidad ante el Consejo de la Revolución en los terminos y para los efectos previstos en los artículos 277 y 278, con las debidas adaptaciones.

Artículo 236. Comisión consultiva para las regiones autónomas

1. Actuara junto al Presidente de la República una comisión consultiva para los asuntos de las regiones autónomas, con las siguientes competencias:

a) emitir dictamen, a instancias del Ministro de la República, sobre la legalidad de los textos emanados de los órganos regionales;

b) emitir dictamen, a instancias de los presidentes de las asambleas regionales, acerca de la conformidad de las leyes, de los reglamentos y de otros actos de los órganos de soberanía con los derechos de las regiones consagrados en sus estatutos;

c) emitir dictamen sobre las demás cuestiones cuyo estudio se le solicite por el Presidente de la República o le este atribuido por los estatutos o por las leyes generales de la República.

2. Compondrán la comisión:

a) un ciudadano de reconocidos méritos, que la presidirá y que será designado por el Presidente de la República;

b) cuatro ciudadanos de méritos reconocidos y de competencia comprobada en materia jurídica, de los que dos serán designados por la Asamblea de la República y uno por cada asamblea regional.

3. Compete al Tribunal de ultima instancia que designe por la ley de la República el enjuiciamiento de las cuestiones a que se refieren los apartados a) y b) del número 1.

Título VIII. De los poderes locales

Capítulo I. Principios generales

Artículo 237. De las entidades locales autónomas

1. La organización democrática del Estado lleva aparejada la existencia de entidades locales autónomas.

2. Las entidades locales autónomas son personas colectivas territoriales dotadas de órganos representativos, que se proponen el fomento de intereses propios de las poblaciones respectivas.

Artículo 238. Categoría de entidades locales autónomas y división administrativa

1. En el Continente son entidades locales autónomas las parroquias, los municipios y las regiones administrativas.

2. Las regiones autónomas de las Azores y las madera estarán compuestas de parroquias y municipios.

3. La ley podrá establecer en las grandes áreas metropolitanas, de acuerdo con sus condiciones especificas, otras formas de organización territorial autárquica.

4. La división administrativa del territorio se establecerá mediante ley.

Artículo 239. Atribuciones y organización de las entidades locales autónomas

Las atribuciones y la organización de la entidades locales, así como la competencia de sus órganos, serán reguladas por ley, con arreglo al principio de descentralización administrativa.

Artículo 240. Del patrimonio y de la hacienda locales

1. Las entidades locales autónomas tendrán patrimonio y hacienda propios.

2. El régimen de la hacienda local será establecido por ley y se propondrá la justa distribución de los recursos publicos por el Estado y por las entidades locales autónomas y la necesaria corrección de las desigualdades entre las entidades locales del mismo rango.

3. Los ingresos propios de las entidades locales autónomas comprenderán obligatoriamente los procedentes de la gestión de su patrimonio y los que se perciban por la utilización de sus servicios.

Artículo 241. De los órganos deliberantes y ejecutivos

1. La organización de las entidades locales autónomas comprende una asamblea electiva dotada de poderes decisorios y un órgano colegiado ejecutivo que será responsable ante ella.

2. La asamblea será elegida por sufragio universal, directo y secreto de los ciudadanos residentes con arreglo al sistema de la representación proporcional.

Artículo 242. Del poder reglamentario

La asamblea de las entidades locales autónomas tendrá competencia reglamentaria propia dentro de los límites de la Constitución, de las leyes y de los reglamentos emanados de las entidades de rango superior o de las autoridades con facultades de tutela.

Artículo 243. De la tutela administrativa

1. La tutela sobre las entidades locales autónomas será ejercida según las formas y en los casos previstos por la ley; corresponderá en el Continente al Gobierno y en las Azores y las Madera a los órganos regionales respectivos.

2. Las medidas tutelares especialmente restrictivas de la autonomía local serán precedidas del dictamen de un órgano autónomo que se determinara por ley.

3. La disolución de la asamblea ira acompañada del señalamiento de nuevas elecciones, que se celebraran en un plazo de sesenta días, y no podrá decretarse una nueva disolución antes de transcurrido un año.

Artículo 244. Cuadro general de funcionarios

1. Con el fin de ayudar a las entidades locales autónomas y garantizar la eficacia de su acción se organizara, bajo la dependencia del Ministerio competente, un cuadro general de funcionarios, incluyendo técnicos de las especialidades de interés para la administración local.

2. El nombramiento de los funcionarios administrativos integrados en el cuadro general para los puestos de las entidades locales autónomas se hará previa audiencia de estas.

Capítulo II. De la parroquia

Artículo 245. Órganos de la parroquia

Los órganos representativos de la parroquia serán la asamblea de parroquia y la junta de parroquia.

Artículo 246. De la asamblea de parroquia

1. La asamblea de parroquia será elegida por los ciudadanos electores residentes en el termino de la parroquia.

2. Podrán presentar candidaturas para las elecciones de los órganos de parroquia, ademas de los partidos políticos, otros grupos de ciudadanos electores, con arreglo a lo establecido por la ley.

3. La ley podrá disponer que en las parroquias de exigua población la asamblea de parroquia sea sustituida por la reunión plenaria de los ciudadanos electores.

Artículo 247. Límites de la parroquia

1. La junta de parroquia será el órgano ejecutivo de la parroquia y será elegida en votación secreta por la asamblea entre sus propios miembros.

2. El presidente de la junta será el ciudadano que encabece la lista mas votada en la elección de la asamblea o, de no existir esta, el ciudadano que sea elegido para dicho cargo por la reunión plenaria.

Artículo 248. Delegación de actividades

La asamblea de parroquia podrá delegar en las organizaciones populares de base territorial tareas administrativas que no impliquen el ejercicio de poderes de autoridad.

Capítulo III. Del municipio

Artículo 249. De los concejos y municipios

Los concejos existentes son los municipios previstos en la Constitución, si bien la ley podrá crear otros o extinguir los que sean manifiestamente inviables.

Artículo 250. De los órganos del municipio

Los órganos representativos del municipio serán el ayuntamiento, la cámara municipal y el consejo municipal.

Artículo 251. Del ayuntamiento

El ayuntamiento estará constituido por los presidentes de las juntas de parroquia y por miembros, en número no inferior al de aquellos, elegidos por el colegio electoral del municipio.

Artículo 252. De la Cámara municipal

La Cámara municipal es el órgano ejecutivo colegiado del municipio, elegido por los ciudadanos electores residentes en su termino, y tendrá como presidente al primer candidato de la lista que haya obtenido más votos.

Artículo 253. Del consejo municipal

El consejo municipal es el órgano consultivo del municipio y su composición se determinara por la ley, de tal modo que garantice la representación adecuada a las organizaciones económicas, sociales, culturales y profesionales existentes en el termino respectivo.

Artículo 254. De la asociación y la federación

1. Los municipios podrán constituir asociaciones y federaciones para la administración de intereses comunes.

2. La ley podrá establecer la obligatoriedad de la federación.

Artículo 255. Participación en los ingresos de impuestos directos

Los municipios participaran, por derecho propio y con arreglo a lo dispuesto por la ley, en los ingresos procedentes de los impuestos directos.

Capítulo IV. De la región administrativa

Artículo 256. Institución de las regiones

1. Las regiones serán instituidas de modo simultaneo, si bien el estatuto regional podrá establecer diferenciaciones en cuanto al régimen aplicable a cada una.

2. El área e las regiones deberá corresponder a las regiones de plan.

3. La institución concreta de cada región estará supeditada al voto favorable de la mayoría de los ayuntamientos que representen a la mayor parte de la población del área regional.

Artículo 257. Atribuciones

Ademas de la participación en la elaboración y ejecución del plan regional se conferirán, en particular, a las regiones tareas determinadas de coordinación y apoyo de la actuación de los municipios, así como de dirección de servicios publicos.

Artículos 258. De los órganos de la región

Los órganos representativos de la región son la asamblea regional, la junta regional y el consejo regional.

Artículo 259. De la asamblea regional

La asamblea regional comprenderá, ademas de los representantes elegidos directamente por los ciudadanos, miembros elegidos por los ayuntamientos, en número inferior al de los primeros.

Artículo 260. De la junta regional

La junta regional será el órgano colegiado ejecutivo de la regio y será elegida en votación secreta por la asamblea regional entre sus propios miembros.

Artículo 261. Del consejo regional

El consejo regional será el órgano consultivo de la región y su composición será determinada por la ley de tal modo que garantice la adecuada representación a las organizaciones culturales, sociales, económicas y profesionales existentes en el área respectiva.

Artículo 262. Del representante del Gobierno

Existirá en la región un representante del Gobierno, nombrado en Consejo de Ministros, cuya competencia se ejercerá igualmente junto a la de las entidades locales autónomas en el área correspondiente.

Artículo 263. De los distritos

1. Mientras no estén instituidas las regiones subsistirá la división en distritos.

2. Habrá en cada distrito, según los terminos que la ley establezca, una asamblea deliberante compuesta por representantes de los municipios y presidida por el gobernador civil.

3. Compete al gobernador civil, asistido por un consejo, representar al Gobierno y ejercer los poderes de tutela en el área del distrito.

Capítulo V. De las organizaciones populares de base
territorial

Artículo 264. De su constitución y superficie

1. Con objeto de intensificar la participación de la población en la vida administrativa local podrán constituirse organizaciones populares de base territorial correspondientes a terminos inferiores al de la parroquia.

2. La asamblea de parroquia, por su propia iniciativa o a requerimiento de comisiones de residentes o de un número significativo de residentes, delimitara los términos territoriales de las organizaciones a que se refiere el número anterior, solucionando los conflictos que eventualmente surjan en este punto.

Artículo 265. Estructura

1. La estructura de las organizaciones populares de base territorial será la fijada por la ley y comprenderá la asamblea de residentes.

2. La asamblea de moradores estará compuesta por los residentes inscritos en el censo de la parroquia y por los no inscritos mayores de 16 (dieciséis) años que prueben documentalmente su calidad de residentes.

3. La asamblea se reunirá, cuando sea convocada públicamente, con la debida antelación, por un mínimo de veinte de sus miembros o por la comisión de residentes.

4. La comisión de residentes será elegida en votación secreta por la asamblea de residentes y libremente destituidas por esta.

Artículo 266. Funciones

1. Las organizaciones populares de base territorial tendrán derecho:

a) a presentar peticiones a las entidades locales autónomas en relación con asuntos administrativos que interesen a los residentes;

b) a participar, sin voto, mediante representantes propios, en la asamblea de parroquia.

2. Compete a las organizaciones populares de base territorial realizar las actividades que la ley les confíe o que los órganos de parroquia les deleguen.

Título IX. De la Administración publica

Artículo 267. Principios fundamentales

1. La Administración publica tiende a la consecución del interés publico, dentro del respeto a los derechos e intereses legalmente protegidos de los ciudadanos.

2. Los órganos y agentes administrativos estarán subordinados a la Constitución y a la ley y deberán actuar con justicia e imparcialidad en el ejercicio de sus funciones.

Artículo 268. Estructura de la Administración

1. La Administración publica será estructurada de tal modo que se aproximen los servicios a la población, se asegure la participación de los administrados en la gestión efectiva de los mismos, especialmente a través de las organizaciones populares básicas o de otras formas de representación democrática y se evite la burocratización.

2. A efectos de lo dispuesto en el número anterior, la ley establecerá formas adecuadas de descentralización y desconcentración administrativa, sin perjuicio de la necesaria eficacia y unidad de acción y de los poderes de dirección y supervisión del Gobierno.

3. La tramitación de la actividad administrativa será objeto de una ley especial, que asegurara la racionalización de los medios que los servicios hayan de utilizar y la participación de los ciudadanos en la formación de las decisiones o resoluciones que les afecten.

Artículo 269. De los derechos y garantías de los administrados

1. Los ciudadanos tendrán derecho a ser informados por la Administración, siempre que lo soliciten, sobre el estado de las actuaciones en que estén directamente interesados, así como a conocer las resoluciones definitivas que se adopten sobre el particular.

2. Se garantiza a los interesados el recurso contencioso, por razón de ilegalidad, contra todo acto administrativo definitivo y de fuerza ejecutiva.

Artículo 270. Del régimen de la función publica

1. Los funcionarios y agentes del Estado y demás entidades publicas estarán exclusivamente al servicio del interés publico, tal como este sea definido, con arreglo a lo dispuesto en la ley, por los órganos competentes de la Administración.

2. Los funcionarios y agentes del Estado y demás entidades publicas no podrán ser perjudicados ni favorecidos en virtud del ejercicio de ningún derecho político de los previsto en la Constitución, y en particular por razones partidistas.

3. Se garantizaran al expedientado su audiencia y posibilidad de defensa en el procedimiento disciplinario.

4. No se permitirá la acumulación de empleos o cargos publicos, salvo en los casos expresamente admitidos por la ley.

5. La ley determinara las incompatibilidades entre el ejercicio de empleos o cargos publicos y el de otras actividades.

Artículo 271. Responsabilidades de los funcionarios y agentes

1. Los funcionarios y agentes del Estado y demás entidades publicas serán responsables civil, penal y disciplinariamente por sus acciones y omisiones de las que resulte violación de los derechos o de los intereses legalmente protegidos de los

ciudadanos, y la acción o procedimiento no requerirá en ninguna de sus fases la autorización superior.

2. Se excluye la responsabilidad del funcionario o agente que actúe en cumplimiento de ordenes o instrucciones emanadas de un legitimo superior jerárquico y en asuntos del servicio, si con anterioridad a las mismas dicho funcionario o agente hubiese reclamado o exigido su transmisión o confirmación por escrito.

3. Cesara el deber de obediencia en cuanto al cumplimiento de las ordenes o instrucciones implique la comisión de un delito.

4. La ley regulara las condiciones en que el Estado y las demás entidades publicas tendrán acción en vía de regreso contra los titulares de sus órganos, funcionarios o agentes.

Artículo 272. De la policía

1. La policía tendrá como función defender la legalidad democrática y los derechos de los ciudadanos.

2. Las medidas de policía serán las previstas en la ley y no deberán ser utilizadas más allá de lo estrictamente necesario.

3. La prevención de los delitos, incluyendo la de los delitos contra la seguridad del Estado, solos podrá llevarse a cabo con observancia de las normas generales sobre policía y dentro del respeto a los derechos, libertades y garantías de los ciudadanos.

Título X. De las Fuerzas Armadas

Artículo 273. Funciones

1. Las Fuerzas Armadas portugueses garantizaran la independencia nacional, la unidad del Estado y la integridad del territorio.

2. Las Fuerzas Armadas portuguesas forman parte del pueblo e, identificados con el espíritu del Programa del Movimiento de las Fuerzas Armadas, aseguran a prosecución de la Revolución de 25 de abril de 1974.

3. Las Fuerzas Armadas portuguesas garantizaran el funcionamiento regular de las instituciones democráticas y el cumplimiento de la Constitución.

4. Las Fuerzas Armadas portuguesas tendrán la misión histórica de garantizar las condiciones que permitan la transición pacifica y pluralista de la sociedad portuguesa a la democracia y al socialismo.

5. Las Fuerzas Armadas portugueses colaboraran en las tareas de reconstrucción nacional.

Artículo 274. Estructura

1. Las Fuerzas Armadas portuguesas constituyen una institución nacional, y su organización, así como la de las fuerzas militarizadas, será única para todo el territorio.

2. Las Fuerzas Armadas portugueses se compondrán exclusivamente de ciudadanos portugueses.

3. Las Fuerzas Armadas portuguesas obedecerán a los órganos de soberanía competentes, con arreglo a lo dispuesto en la Constitución.

Artículo 275. Independencia de todo partido

1. Las Fuerzas Armadas portuguesas estarán al servicio del pueblo portugués y no de partido u organización y alguna y serán rigurosamente no partidistas.

2. Los elementos de las Fuerzas Armadas portuguesas tendrán que observar los objetivos del pueblo portugués consignados en la Constitución y no podrán aprovecharse de su arma, puesto o función para imponer, influenciar o impedir la elección de una vía política democrática determinada.

Artículo 276. Defensa de la Patria y servicio militar

1. La defensa de la Patria constituye deber fundamental de todos los portugueses.

2. Será obligatorio el servicio militar, en los terminos y por el periodo que la ley prescriba.

3. Los que se consideren inútiles para el servicio militar de armas y los objetores de conciencia prestaran servicio militar no armado o servicio cívico adecuado a su situación.

4. Se podrá establecer el servicio cívico en sustitución o complemento del servicio militar y se podrá convertir en obligatorio por la ley para los ciudadanos no sujetos a deberes militares.

5. Ningún ciudadano podrá conservar ni obtener empleo del Estado o de otra entidad publica si no cumple sus deberes militares o de servicio cívico, cuando este sea obligatorio.

6. Ningún ciudadano podrá ser perjudicado en su colocación, en sus beneficios sociales o en su empleo permanente por razón del cumplimiento del servicio militar o del servicio cívico obligatorio.

Cuarta parte. De la garantía y la revisión de la Constitución

Título I. Garantía de la Constitución

Capítulo I. Control de la constitucionalidad

Artículo 277. Control preventivo de la constitucionalidad

1. Todos los textos remitidos al Presidente de la República para ser promulgados como ley o decreto-ley o que consistan en la aprobación de tratados o acuerdos internacionales, serán simultáneamente enviados al Consejo de la Revolución, no pudiendo ser promulgados antes de que pasen cinco días desde su recepción por el Consejo.

2. En el caso de que el Presidente de la República aprecie que es urgente la promulgación, deberá dar conocimiento al Consejo de la Revolución de su propósito de promulgación inmediata.

3. Si el Consejo de la Revolución albergase dudas sobre la constitucionalidad de un texto y resolviese examinar esta cuestión, lo pondrá en conocimiento del Presidente de la República en el plazo señalado en el párrafo 1, para que no efectúe la promulgación.

4. Acordado por el Consejo de la Revolución o solicitado por el Presidente de la República el examen de la constitucionalidad de un texto, el Consejo se pronunciara en el plazo de veinte días, que podrá ser acortado por el Presidente de la República en caso de urgencia.

Artículo 278. Efectos de la decisión

1. Si el Consejo de la Revolución se pronuncia por la inconstitucionalidad de un texto, el Presidente de la República

deberá ejercitar el derecho de veto, no promulgándolo o no firmándolo.

2. Si se trata de una resolución de la Asamblea de la República, no podrá ser promulgada sin que la Asamblea lo apruebe de nuevo por mayoría de dos tercios de los diputados presentes.

3. Si se trata de un decreto del Gobierno, no podrá ser promulgado ni firmado.

Artículo 279. De la inconstitucionalidad por omisión

Cuando la Constitución resulte incumplida por omisión de las medidas legislativas necesarias para hacer aplicables las normas constitucionales, el Consejo de la Revolución podrá recomendar a los órganos legislativos competentes que las dicten en un plazo razonable.

Artículo 280. De la inconstitucionalidad por acción

1. Son inconstitucionales las normas que infrinjan lo dispuesto en la Constitución o los principios consignados en ella.

2. Las normas inconstitucionales no podrán ser aplicadas por los Tribunales y compete al Consejo de la Revolución declarar su inconstitucionalidad con carácter obligatorio general, con arreglo a lo que se dispone en los artículos siguientes.

3. La inconstitucionalidad orgánica o formal de una convención internacional no será impedimento para que se apliquen sus normas en el ámbito interno portugués, a menos que lo impida en el ámbito interno de otra o de las demás parte.

Artículo 281. De la declaración de inconstitucionalidad

1. El Consejo de la Revolución examinara y declarara, con fuerza obligatoria general, la inconstitucionalidad de cualquier norma, previa solicitud el Presidente de la República, del Presidente de la Asamblea de la República, del Primer Ministro, del Procurador de Justicia, del Fiscal General de la República o, en los ocasos previstos en el número 2 del artículo 229, de asambleas de regiones autónomas.

2. El Consejo de la Revolución podrá declarar, con carácter obligatorio general, la inconstitucionalidad de una norma si la Comisión Constitucional la hubiese juzgado inconstitucional en tres casos concretos, o en uno solo si se trata de inconstitucionalidad orgánica o formal, sin perjuicio de los casos ya juzgados.

Artículo 282. Del control judicial de inconstitucionalidad

1. Cuando los Tribunales se nieguen a aplicar una norma patente de una ley, decreto-ley, decreto reglamentario, decreto regional o texto equiparable, basándose en que es inconstitucional, y una vez agotados los recursos ordinarios posibles, se dará recurso gratuito, obligatorio en cuanto al Ministerio Fiscal, y reducido a la cuestión de la inconstitucionalidad, para el enjuiciamiento definitivo del caso concreto por la Comisión Constitucional.

2. Se dará también recurso gratuito ante la Comisión Constitucional, obligatorio por lo que al Ministerio Fiscal se refiere, contra las decisiones que apliquen una norma previamente declarada anticonstitucional por dicha Comisión.

3. Si se trata de norma patente de un texto no comprendido en el número 1, los Tribunales se pronunciaran de modo definitivo acerca de la inconstitucionalidad.

Capítulo II. De la Comisión Constitucional

Artículo 283. De la Comisión Constitucional

1. Funcionara junto al Consejo de la Revolución la Comisión Constitucional.

2. Compondrán la Comisión Constitucional:

a) un miembro del Consejo de la Revolución, designado por este, como presidente y con voto de calidad;

b)cuatro jueces, uno designado por el Tribunal Supremo de Justicia y los demás por el Consejo Superior de la Magistratura, uno de los cuales será magistrado de los Tribunales de Apelación y dos lo serán de los Tribunales de primera instancia;

c) un ciudadano de méritos reconocidos designado por el Presidente de la República;

d) un ciudadano de méritos reconocidos designado por la Asamblea de la República;

e) dos ciudadanos de méritos reconocidos designados por el Consejo de la Revolución, y de los cuales uno será un jurista de competencia demostrada.

3. Los miembros de la Comisión Constitucional ejercerán el cargo por cuatro años, serán independientes e inamovibles y, cuando se hallen en el ejercicio de funciones jurisdiccionales, gozaran de garantías de imparcialidad y de la garantía de irresponsabilidad propia de los jueces.

Artículo 284. De su competencia

Compete a la Comisión Constitucional:

a) emitir obligatoriamente dictamen sobre la constitucionalidad de los textos que hayan de ser examinados por el

Consejo de la Revolución con arreglo a lo dispuesto en el artículo 277 y en el párrafo 1 del artículo 281;

b) emitir obligatoriamente dictamen sobre la existencia de una violación de las normas constitucionales por omisión, en los terminos y a los efectos del artículo 279;

c) juzgar las cuestiones de inconstitucionalidad que le sean sometidas conforme al artículo 282.

Artículo 285. De su organización, funcionamiento y procedimiento

1. Serán regulados por el Consejo de la Revolución la organización, el funcionamiento y el procedimiento de la Comisión Constitucional.

2. Las normas de procedimiento podrán ser modificadas por la Asamblea de la República.

Título II. De la revisión constitucional

Artículo 286. De la primera revisión

1. En la II Legislatura la Asamblea de la República tendrá poderes de revisión constitucional, que quedaran agotados al aprobarse la ley misma de revisión.

2. Las modificaciones a la Constitución habrán de ser aprobadas por mayoría de dos tercios de los diputados presentes, que suponga, a su vez, mayoría absoluta de los diputados en el ejercicio activo de sus funciones y el Presidente de la República no podrá negarse a promulgar la ley de revisión.

Artículo 287. De las revisiones subsiguientes

1. La Asamblea de la República podrá revisar la Constitución transcurridos cinco años desde la fecha de publicación de cualquier ley de revisión.

2. La Asamblea de la República podrá, sin embargo, asumir, en cualquier momento posterior a la revisión prevista en el artículo anterior poderes de revisión constitucional si así lo acuerda por mayoría de cuatro quintos de los diputados en el ejercicio activo de sus funcione.

3. Las alteraciones de la Constitución previstas en este artículo deberán ser aprobadas por mayoría de dos tercios de los diputados en el ejercicio activo de sus funciones.

Artículo 288. Del procedimiento de revisión

1. Corresponde a los diputados la iniciativa de la revisión.

2. Presentado un proyecto de revisión de Constitución, cualesquiera otros tendrán que ser presentados en el plazo de treinta días.

3. Las modificaciones de la Constitución que resulten aprobadas se reunirán en una ley única de revisión.

Artículo 289. Nuevo texto de la Constitución

1. Las modificaciones de la Constitución serán insertadas en el lugar que les corresponda, mediante la sustituciones, supresiones y añadidos necesarias 2. La Constitución será publicada en su nuevo tenor juntamente con la ley de revisión.

Artículo. 290. De los límites materiales de la revisión

Las leyes de revisión constitucional tendrán que respetar:

a) la independencia nacional y la unidad del Estado;

b) la forma republicana de gobierno;

c) la separación de las Iglesias y el Estado;

d) los derechos, libertades y garantías de los ciudadanos;

e) los derechos de los trabajadores, de las comisiones de trabajadores y de las asociaciones sindicales;

f) el principio de apropiación colectiva de los medios principales de producción y de los sueldos, así como de los recursos naturales, y la eliminación de los monopolios y de los latifundios;

g) la planificación democrática de la economía;

h) el sufragio universal, directo, secreto y periódico en la designación de los titulares electivos de los órganos de soberanía, de la regiones autónomas y de la administración local, así como el sistema de representación proporcional;

i) el pluralismo de expresión y organización política, incluyendo los partidos políticos, y el derecho a la oposición democrática;

j) la participación de las organizaciones populares básicas en el ejercicio de la administración local;

l) (sic) la separación de la interdependencia de los órganos de soberanía;

m) el control de la constitucionalidad por acción o por omisión de normas jurídicas;

n) la independencia de los Tribunales,

o) la autonomía de las entidades locales autónomas;

p) la autonomía político-administrativa de los archipiélagos de los Azores y las Madera.

Artículo 291. De los límites circunstanciales de la revisión

No se podrá realizar ningún acto de revisión constitucional durante la vigencia del estado de sitio o del estado de excepción.

Disposiciones finales y transitorias

Artículo 292. Del derecho constitucional anterior

1. Las disposiciones de la Constitución de 1933, revocada por la Revolución de 25 de abril de 1974, que fueron exceptuadas por la ley 3/74, de 14 de mayo, caducaran a la entrada en vigor de la presente Constitución.

2. Las leyes constitucionales posteriores al 25 de abril de 1974 y no mencionadas en el artículo 294 ni exceptuadas en el presente capitulo, pasaran a ser leyes ordinarias sin perjuicio de lo dispuesto en el artículo 293.

Artículo 293. Del derecho ordinario anterior

1. Continuara vigente el derecho anterior a la entrada en vigor de la Constitución, con tal que no sea contrario a la Constitución o a los principios enunciados en ella.

2. Quedan expresamente exceptuados el Código de Justicia Militar y la legislación complementaria, los cuales deberán ser armonizados con la Constitución, so pena de caducidad, en el plazo de un año contado desde la publicación de esta.

3. La adaptación de las normas anteriores pertinentes al ejercicio de los derechos, libertades y garantías consignados en la Constitución deberá quedar consumada antes de finalizar el primer periodo de sesiones legislativas.

Artículo 294. Entrada en funcionamiento del sistema de los órganos de soberanía

1. Entrara en funcionamiento el sistema de los órganos de soberanía previsto en la Constitución al tomar posesión el Presidente de la República elegido con arreglo a la Constitución.

2. Continuaran en vigor hasta dicha fecha las leyes constitucionales vigentes en materia de organización, competencia y funcionamiento de los órganos de soberanía posteriores al 25 de abril de 1974.

Artículo 295. Elección del Presidente de la República

1. La elección del primer Presidente de la República con arreglo a la presente Constitución se celebrará, con observancia de lo dispuesto en el número 2 del artículo 128, antes del septuagésimo día posterior al de la elección de la Asamblea de la República.

2. Corresponderá al Presidente de la República en funciones, oído el Consejo de la Revolución, señalar la fecha de la elección.

3. El Gobierno Provisional determinara, mediante decreto-ley sancionado por el Consejo de la Revolución y con

observancia de los preceptos aplicables de la Constitución, la ley electoral aplicable a la elección del Presidente de la República, la cual estará en vigor hasta que la Asamblea de la República legisle sobre la materia.

4. El Presidente de la República tomara posesión, con arreglo a lo previsto en el artículo 130, en el octavo día siguiente a la comprobación de los resultados electorales.

Artículo 296. Primer mandato del Presidente de la República

1. El primer mandato del Presidente de la República cesara a los tres meses después de expirar la primera legislatura.

2. Si se produce vacante en el cargo, el Presidente de la República que se elija con este motivo completara el mandato.

Artículo 297. Poderes constituyentes del Consejo de la Revolución

Los poderes constituyentes atribuidos al Consejo de la Revolución por las leyes constitucionales posteriores al 25 de abril de 1974 cesaran con la votación del decreto de la Asamblea Constituyente por el que se apruebe la Constitución.

Artículo 298. Elección de la Asamblea de la República

1. La elección de los diputados a la primera Asamblea de la República deberá celebrarse al trigésimo día consecutivo a la fecha del decreto de aprobación de la Constitución, en el día señalado por el Presidente de la República, oído el Conejo de la Revolución.

2. El número de los diputados de la primera Asamblea de la República será el que resulte de la aplicación de la correspondiente ley electoral elaborada por el Gobierno Provisional.

Artículo 299. Primera legislatura

1. La primera legislatura terminara el 14 de octubre de 1980, y el primer periodo de sesiones legislativas comenzara el día señalado en el artículo 176.

2. No se aplicara a la primera legislatura lo dispuesto en el número 3 del artículo 174.

3. Mientras no haya aprobado su reglamento, la primera Asamblea de la República se regirá por las disposiciones aplicables del reglamento de la Asamblea Constituyente y su Mesa estará compuesta por un Presidente y dos Secretarios, aquel designado por el partido mayoritario y estos por los dos partidos que le sigan en el orden de los resultados electorales.

Artículo 300. Del Gobierno Provisional

El Gobierno Provisional en funciones a la fecha de toma de posesión del Presidente de la República permanecerá en el ejercicio de las mismas, para resolver los asuntos de tramite, hasta la toma de posesión del primer Gobierno nombrado con arreglo a la presente Constitución.

Artículo 301. De los Tribunales

1. La revisión de la legislación vigente sobre la organización de los Tribunales y el estatuto de los jueces estará terminada antes de finalizar el primer periodo de sesiones legislativas.

2. No más tarde del 31 de diciembre de 1976 deberán estar publicadas las leyes previstas en el número 1 del artículo 223 y en el número 2 del artículo 226.

3. En las comarcas donde no haya juzgados de Instrucción Criminal y mientras estos no se creen en cumplimiento del

número 4 del artículo 32, la instrucción criminal competerá al Ministerio Publico, bajo la dirección de un juez.

Artículo 302. De las regiones autónomas

1. Se celebraran no más tarde del 30 de junio de 1976 las primeras elecciones para las asambleas de las regiones autónomas, en fecha que señalará el Presidente de la República, en funciones, con arreglo a la ley electoral aplicable.

2. No más tarde del 30 de abril de 1976, el Gobierno elaborara, a propuesta de las juntas regionales y por decreto-ley sancionado por el Consejo de la Revolución, unos estatutos provisionales para las regiones autónomas, así como la ley electoral para las primeras asambleas regionales.

3. Los estatutos provisionales de las regiones autónomas estarán en vigor hasta que sean promulgados los estatutos definitivos, que se elaborarán de acuerdo con lo dispuesto en la Constitución.

Artículo 303. Primeras elecciones locales

1. Las primeras elecciones de los órganos de las entidades locales autónomas se celebraran no más tarde del 15 de diciembre de 1976, el mismo día en todo el territorio nacional, en la fecha que el Gobierno señale.

2. Con vistas a la celebración de las elecciones, el Gobierno hará una legislación provisional para armonizar la estructura, la competencia y el funcionamiento de los órganos del municipio y de la parroquia con lo dispuesto en la Constitución, así como para establecer el régimen electoral respectivo.

3. La legislación a que se refiere el párrafo anterior será sancionada por el Consejo de la Revolución y la Asamblea de la República podrá someterla, en terminos generales, a

ratificación si la publicación es posterior a la fecha de toma
de posesión del Presidente de la República.

Artículo 304. De la Comisión Constitucional

1. No más tarde del 30 de junio de 1976, el Consejo de
la Revolución elaborara la legislación prevista en el artículo
285.

2. Serán nombrados no más tarde del 31 de agosto de
1976 los miembros de la Comisión Constitucional cuya designación competa al Presidente de la República, a la Asamblea de la República, al Consejo de la Revolución y al Tribunal Supremo de Justicia.

3. La Comisión Constitucional iniciara sus funciones tras
la toma de posesión de los miembros a que se refiere el número anterior, y podrá deliberar estando cinco miembros
presentes.

4. Los miembros de la Comisión que hayan de ser designados por el Consejo Superior de la Magistratura serán
nombrados inmediatamente después de la constitución de
este.

Artículo 305. Del control de la constitucionalidad

El sistema de control de constitucionalidad previsto en
esta Constitución operara, en la parte aplicable, sin intervención de la Comisión Constitucional mientras esta no
quede constituida.

Artículo 306. Del Estatuto de Macao

1. Continuara en vigor el Estatuto de Macao contenido en
la Ley número 1/76, de 17 de febrero.

2. La Asamblea de la República podrá, a propuesta de la
Asamblea Legislativa de Macao y previo dictamen del Con-

sejo de la Revolución, aprobar modificaciones al estatuto o a la sustitución del mismo.

3. En caso de que se apruebe la propuesta con modificaciones, el Presidente de la República no aprobara el texto de la Asamblea de la República si no se pronuncia favorablemente la Asamblea Legislativa de Macao.

Artículo 307. Independencia de Timor

1. Portugal continuara vinculado a las responsabilidades que le correspondan, de acuerdo con el Derecho internacional, en orden a promover y garantizar el derecho a la independencia de Timor oriental.

2. Compete al Presidente de la República, asistido por el Consejo de la Revolución, y al Gobierno realizar todos los actos necesarios para la consecución de los objetivos expresados en el número anterior.

Artículo 308. De las incapacidades cívicas

1. Las incapacidades electorales previstas en el Decretoley número 621-B/74, de 15 de noviembre, serán aplicables a las elecciones para los órganos de soberanía, de las regiones autónomas y de la administración local que deban iniciar sus funciones durante el periodo de la primera legislatura.

2. La rehabilitación judicial prevista en el texto mencionado en el número anterior deberá sujetarse a los principios de publicidad y de juicio contradictorio, excepción hecha de los casos juzgados.

3. No podrán ser nombrados para los órganos de soberanía ni para el desempeño de cargo político alguno durante el periodo de la primera legislatura los ciudadanos que estén comprendidos en la sin capacidades electorales pasivas a que se refiere el párrafo 1 del presente artículo.

4. Serán igualmente inelegibles para los órganos de las entidades locales autónomas los ciudadanos que en los cinco años anteriores al 25 de abril de 1974 hayan sido presidente de cualesquiera órganos de las entidades locales autónomas.

5. Serán aplicables a las incapacidades previstas en los números 3 y 4 de este artículo el número 2 del mismo y el artículo 3 del Decreto-ley número 621-B/74, de 15 de noviembre.

Artículo. 309. Procesamiento y juicio de los agentes y responsables de la PIDE/DGS

1. Continua en vigor por la Ley número 8/75, de 25 de julio, con las modificaciones introducidas por la Ley número 16/75, de 23 de diciembre, y por la Ley número 18/75, de 26 de diciembre.

2. La ley podrá precisar las tipificaciones criminales resultantes del número 2 del artículo 2, del artículo 3, del apartado b) del artículo 4 y del artículo 5 del texto a que se refiere el párrafo anterior.

3. La ley podrá regular especialmente la atenuación extraordinaria prevista en el artículo 7 de la citada disposición.

Artículo 310. Depuración de la función publica

1. Se mantendrá en vigor hasta el 31 de diciembre de 1976, con arreglo a lo previsto en los párrafos siguientes, la legislación relativa a la depuración de la función publica.

2. No se permitirá la apertura de nuevos expedientes de depuración y reclasificación después de la toma de posesión del Presidente de la República elegido con arreglo a la Constitución.

3. Los expedientes de depuración o reclasificación pendientes en la fecha prevista en el número anterior deberán

ser resueltos, so pena de caducidad, no más tarde del 31 de diciembre de 1976, sin perjuicio del derecho a recurrir.

4. Todos los interesados que no hayan interpuesto oportunamente recurso contra medidas de depuración o reclasificación podrán hacerlo hasta los treinta días de la publicación de esta Constitución.

Artículo 311. Reglas especiales sobre partidos

1. Será aplicable a los partidos ya constituidos lo dispuesto en el número 3 del artículo 47. Corresponde a la ley regular la materia.

2. No podrán constituirse partidos que por su designación o por sus objetivos programáticos tengan índole o ámbito regional.

Artículo 312. Promulgación, publicación, fecha y entrada en vigor de la Constitución

1. El decreto aprobatorio de la Constitución será firmado por el Presidente de la Asamblea Constituyente, promulgado por el Presidente de la República y publicado el 10 (diez) de abril de 1976, a más tardar.

2. La Constitución de la República portuguesa tendrá la fecha en que sea aprobada por la Asamblea Constituyente.

3. La Constitución de la República portuguesa entrara en vigor el día 25 de abril de 1976.